## TABLEAU DES PICTOGRAMMES

Section I : Géant

Section II : Gros

Section III : Moyen

Section IV : Petit

Section V : Miniature

Section VI : Nain

Préfère l'ombre

Tolère l'ensoleillement

Préfère le soleil

Tolère la sécheresse

Résistant aux limaces

COULEUR   ODORANTE

Fleur blanche

Fleur lavande

Fleur pourpre

Fleur violette

Classe 1 : Vert (toutes teintes)

Classe 2 : Bleu (toutes teintes)

Classe 3 : Jaune (toutes teintes)

Classe 4A : Marginé blanc (centre jaune ou chartreuse)

Classe 4B : Marginé blanc (centre vert ou bleu)

Classe 5A : Marginé jaune (centre blanc, jaune ou chartreuse)

Classe 5B : Marginé jaune (centre vert ou bleu)

Classe 6A : Marginé vert ou bleu (centre blanc)

Classe 6B : Marginé vert ou bleu (centre jaune)

Classe 7 : Rayés, striés, tachetés ou marbrés

Classe 8 : Tous les autres avec variance de couleurs

Mon coup de cœur

# LES HOSTAS

Données de catalogage avant publication (Canada)

Millette, Réjean D.
   Les hostas

   1. Hosta.  2. Hosta – Variétés.  I. Titre.

SB413.H73M54   2003      635.9'3432      C2003-940416-1

DISTRIBUTEURS EXCLUSIFS:

• Pour le Canada
  et les États-Unis:
  **MESSAGERIES ADP***
  955, rue Amherst
  Montréal, Québec
  H2L 3K4
  Tél.: (514) 523-1182
  Télécopieur: (514) 939-0406
  * Filiale de Sogides ltée

• Pour la France et les autres pays:
  **VIVENDI UNIVERSAL PUBLISHING SERVICES**
  Immeuble Paryseine, 3, Allée de la Seine
  94854 Ivry Cedex
  Tél.: 01 49 59 11 89/91
  Télécopieur: 01 49 59 11 96
  Commandes:   Tél.: 02 38 32 71 00
                     Télécopieur: 02 38 32 71 28

Maquette intérieure : Anne Bérubé
Infographie : Johanne Lemay
Photos de la couverture : H. 'Canadian Shield', H. 'Ovation',
H. 'Great Expectations', H. 'Mildred Seaver'

Toutes les photographies ont été prises par l'auteur avec un film
pour diapositives Fujifilm Provia 100F.
Toutes les diapositives ont été développées chez Contact Image,
à Montréal.

• Pour la Suisse:
  **VIVENDI UNIVERSAL PUBLISHING SERVICES SUISSE**
  Case postale 69 - 1701 Fribourg - Suisse
  Tél.: (41-26) 460-80-60
  Télécopieur: (41-26) 460-80-68
  Internet: www.havas.ch
  Email: office@havas.ch
  **DISTRIBUTION: OLF SA**
  Z.I. 3, Corminbœuf
  Case postale 1061
  CH-1701 FRIBOURG
  Commandes:   Tél.: (41-26) 467-53-33
                     Télécopieur: (41-26) 467-54-66
                     Email: commande@ofl.ch

• Pour la Belgique et le Luxembourg:
  **VIVENDI UNIVERSAL PUBLISHING SERVICES BENELUX**
  Boulevard de l'Europe 117
  B-1301 Wavre
  Tél.: (010) 42-03-20
  Télécopieur: (010) 41-20-24
  http://www.vups.be
  Email: info@vups.be

Pour en savoir davantage sur nos publications,
visitez notre site: **www.edhomme.com**
Autres sites à visiter: www.edjour.com • www.edtypo.com
www.edvlb.com • www.edhexagone.com • www.edutilis.com

© 2003, Les Éditions de l'Homme,
une division du groupe Sogides

Tous droits réservés

Dépôt légal: 2e trimestre 2003
Bibliothèque nationale du Québec

ISBN 2-7619-1774-X

Imprimé au Canada

Gouvernement du Québec – Programme de crédit d'impôt pour
l'édition de livres – Gestion SODEC.

L'Éditeur bénéficie du soutien de la Société de développement des
entreprises culturelles du Québec pour son programme d'édition.

Nous reconnaissons l'aide financière du gouvernement du Canada
par l'entremise du Programme d'aide au développement de l'industrie
de l'édition (PADIÉ) pour nos activités d'édition.

# LES HOSTAS

les meilleurs choix • les plus beaux feuillages • tous les conseils pour les cultiver

Réjean D. Millette

LES ÉDITIONS DE
L'HOMME

# REMERCIEMENTS

La rédaction et la réalisation de ce livre n'auraient jamais été possibles sans l'aide de plusieurs personnes.

Mes premiers et plus pressants remerciements s'adressent au D$^r$ Benrihmo, qui, pour me guérir de mon *burn out,* m'a recommandé de passer du temps dans mon jardin.

Merci également à ma conjointe, Claudette, qui a tout déclenché en me demandant de faire une première plate-bande. Au cours de mon travail de recherche et de rédaction, elle n'a cessé de m'encourager et de me soutenir. Elle a été mon inspiratrice, ma première critique, et ma correctrice.

Merci également à mes premiers professeurs en horticulture et paysagement, Lise Servant et Denys Ashby, du Jardin botanique de Montréal. Ils m'ont enseigné les premières notions qui m'ont permis d'avoir aujourd'hui un jardin que plusieurs envient.

Merci à Michel André Otis, créateur du superbe sous-bois du Jardin botanique, qui m'a donné le goût de cultiver des hostas. Il a été le premier à me communiquer ses connaissances. Il est un grand connaisseur.

Merci à Michel Élie Tremblay, photographe, pour ses précieux conseils en photographie.

Merci à Mark Zilis et Van Wade qui m'ont fait connaître tous les détails de cette merveilleuse plante.

Merci au Jardin botanique de Montréal, à Jean-Jacques Lincourt, son ex-directeur général, à Normand Rosa, responsable des plantations, et à tous les membres du personnel pour leur tolérance et leur aide.

Merci à Shirley et Van Wade pour leur hospitalité au cours des quatre jours que j'ai passés dans leur magnifique jardin qui contient plus de 2300 hostas. Merci aux Chopko, Malloy, Chartrand, Ruel, Landry, Lacombe, De Bellefeuille, Perreault, Milette, Bélanger dont les jardins m'ont inspiré. Merci aux différents propriétaires de jardins qui m'ont si gentiment permis de photographier leurs aménagements.

Merci à Denyse Galarneau qui a fait la traduction de la préface de Mark Zilis.

Et finalement, merci à mes parents et amis, ainsi qu'à tous ceux qui m'apportent leur aide et leur soutien.

Lors d'une visite au Minnesota, chez M^me Peterson, c'était la première fois que je voyais autant de hostas dans un jardin.

# PRÉFACE

Le jardinier d'hier voyait dans le hosta une plante insignifiante et désuète. Il n'avait pas tort si on en juge par le piètre choix des pépiniéristes qui ne proposaient que quelques douzaines de variétés depuis le début du siècle. H. lancifolia représentait la variété la plus connue et la plus répandue. On le voyait souvent planté en rangées le long des entrées et des trottoirs longeant les résidences ou tapissant la base des grands arbres. En raison de sa croissance particulièrement rapide, il était très facile à diviser et on pouvait aisément en partager les plants avec les amis et les voisins. Une autre espèce à feuillage vert, H. ventricosa, était plantée en massif, montrant fièrement sa floraison pourpre brillant autour de ses fleurs en forme de clochette. Quelques jardiniers qui cultivaient à l'ombre ont eu la chance de trouver les rares fournisseurs de H. plantaginea, une plante qui a construit sa réputation sur sa fleur blanche et odorante qui éclot au mois d'août. C'est d'ailleurs sa période de floraison qui lui a valu le surnom de «Lys d'août». Deux semis de H. plantaginea, 'Honeybells' et 'Royal Standard', ont connu leurs heures de gloire auprès des jardiniers dans les années 1960, car ils étaient à ce moment des nouveautés bien attendues. Un certain nombre de hostas panachés sont apparus sur le marché dans les années 1970, mais H. albomarginata à marge blanche (aussi connu comme H. 'Undulata Albomarginata') était le plus populaire et a été largement utilisé dans les concepts d'aménagement paysager. H. 'Undulata Univittata' avec son feuillage à centre blanc, était également bien connu et souvent vendu comme H. 'Medio-picta'. Quelques 'Fortunei', 'Fortunei Aureomarginata', 'Fortunei Albomarginata' et 'Fortunei Albopicta' étaient en moins grand nombre sur le marché, mais ils étaient disponibles auprès des pépiniéristes et/ou des spécialistes offrant le service de commandes postales. Malheureusement, ils étaient si mal classés qu'on les vendait simplement comme des «hostas verts» et des «hostas panachés».

Au cours des années 1980, on s'aperçut vite que le monde des hostas était quelque peu confus. Heureusement, un air de changement survint avec la création, en 1968, de l'American Hosta Society. En nombre sans cesse croissant, des groupes de collectionneurs et de pépiniéristes s'organisèrent afin de partager leurs connaissances et leurs expériences, mettant sur pied un système d'enregistrement pour les nouvelles variétés qui arrivaient sur le marché. Témoins de plusieurs «révélations», les années 1970 assistèrent à la naissance de 'Gold Standard' et 'Golden Tiara' et quelques-unes des variétés «tardianas» développées en Angleterre au cours des années 1960. Étant donné la grande popularité des hostas, l'offre était assurément moindre que la demande. La méthode traditionnelle de propagation des hostas était satisfaisante pour les anciens cultivars, mais elle n'était pas assez rapide pour satisfaire la demande croissante. C'est à ce moment-là que survint la culture cellulaire (in vitro). Cette méthode s'avéra très profitable à l'industrie, principalement pour la culture des plantes tropicales.

Des fournisseurs, comme Walters Gardens au Michigan et Klehm Nursery en Illinois, reconnurent le potentiel de la culture in vitro pour la multiplication rapide des cultivars de hostas. Alors que l'on prenait dix ans et plus pour produire la quantité requise par les besoins du marché des hostas, la culture in vitro, elle, présentait un champ de production de un an ou deux, et ce, avec un succès fou! Au cours des années 1980, on put voir une multitude de nouveaux cultivars arriver sur le marché. La pépinière Klehm, pour sa part, mit en marché les nouveaux cultivars de Paul Aden, qui allaient être considérés par la suite comme des «classiques». Parmi ceux-ci, je mentionne les 'Sum and Substance', 'Blue Angel', 'Wide Brim', 'Sun Power', 'Blue Cadet', 'Gold Regal', 'Neat Splash', 'Fragrant Bouquet' et 'Blue Mammoth'. D'autres hybrideurs ont laissé aussi leur marque au cours de ces années-là : Bill et Eleanor Lachman, Kevin Vaughn, Bob Savory, Pauline Banyai, Eldren et Nancy Minks, sans oublier Alex Summers pour n'en nommer que quelques-uns.

La surprise fut grande en voyant que le nombre de nouvelles variétés croissait en même temps que la demande du marché augmentait. Depuis longtemps, le jardinier connaissait les avantages de cultiver les hostas dans les parties ombragées de son jardin, il fut donc très encouragé par l'arrivée de ces nouveautés. On constata également à l'American Hosta Society une demande sans précédent qui allait se maintenir jusqu'aux années 1990. Des sociétés locales apparurent dans plusieurs villes et régions des États-Unis et cette fièvre se répandit rapidement

Comme ici, à Knowlton, les hostas peuvent se planter par centaines.

au Canada, en Nouvelle-Zélande et en Australie sans oublier plusieurs pays européens incluant l'Angleterre, les Pays-Bas et l'Allemagne. Au Japon, d'où proviennent une majorité de hostas, l'intérêt pour cette plante s'accrut considérablement. Des centaines de nouvelles plantes furent identifiées et de nouveaux hybrides se développèrent grâce à un petit groupe de collectionneurs japonais très dévoués à la cause. Au cours de la deuxième partie des années 1980, trois nouvelles espèces furent découvertes en Corée, la plus connue étant Hosta yingeri, qui fut à l'origine de plusieurs programmes de reproduction. En 1991, lorsque le livre The Genus Hosta de George Schmid fut lancé, les amateurs de hostas accueillirent avec soulagement le système de taxonomie, qui apparaissait comme la solution à tous les problèmes de nomenclature et d'identification auxquels ces passionnés se heurtaient depuis un bon moment.

Par la suite, au cours des années 1990, la demande pour les hostas continua de s'accroître et des centaines de nouveaux hostas furent enregistrés auprès de l'American Hosta Society. Ce qui était auparavant considéré comme un petit groupe de variétés intéressantes au point de vue horticulture se voyait multiplié en grand nombre.

Aujourd'hui il est maintenant possible de se procurer, au moyen des catalogues et de commandes postales, suffisamment de hostas pour dépasser le nombre de plantes disponibles il y a 10 ans.

Avec tous ces développements que connaît l'univers des hostas, que nous réserve l'avenir ? Avons-nous vu toutes les variétés qu'il nous était possible de voir ? La grande popularité des hostas continuera-t-elle son ascension ? S'il n'est pas possible de répondre à ces questions, il est évident que l'intérêt continuera de croître au cours des années à venir.

Mark Zilis est considéré aujourd'hui comme l'hybrideur nord-américain le plus connu et est l'auteur du livre *The Hosta Handbook*.

Année après année, des programmes de reproduction nous apportent de nouvelles variétés de hostas. De nouveaux hybrides sont découverts, probablement tous les jours, dans les jardins, les pépinières et les laboratoires de culture cellulaire.

La vague des variétés « tetraploïdes » vient tout juste de nous parvenir. L'amélioration de la plante quant à sa tolérance au soleil, à un meilleur contrôle des virus et des insectes nuisibles, l'introduction de nouvelles couleurs de fleurs, de nouveaux feuillages tachetés de pourpre, de différentes formes de feuilles, tout cela ne représente qu'une infime partie du développement de l'espèce. En somme, l'avenir est très prometteur pour une plante qui était considérée comme insignifiante il y a peu de temps.

Avec ce livre, Réjean D. Millette apporte au monde francophone une pièce de choix, un ouvrage d'une amplitude qui sera sans nul doute apprécié au plus haut point par tous les amateurs de hostas dans le monde.

MARK R. ZILIS

NOTE : Mark Zilis est le propriétaire de Q & Z, Nursery, Inc. (Rochelle, Illinois). Il est un chef de file dans l'industrie des grossistes en matière de hostas. Il est détenteur d'un B.S. en horticulture ornementale (1976) et un M.S. en horticulture (1979) de l'université de l'Illinois. Depuis 1980, il siège au sein du conseil de direction de l'American Hosta Society tout en étant actif comme juge de l'exposition annuelle de feuilles de hostas et commissaire-priseur au congrès annuel. Mark a étudié la croissance des hostas dans plusieurs États américains et plus spécialement au cours de ses deux voyages au Japon. Ardent supporter du développement des techniques de la culture cellulaire (*in vitro*), il est souvent demandé comme conférencier, connaissant tout ce qui touche de près ou de loin aux hostas. Depuis les 15 dernières années, Mark a enregistré plus de 50 variétés de hostas incluant 'Sugar and Cream', *H. montana* 'Mountain Snow', 'Pineapple Upsidedown Cake', 'Dust Devil', 'Leather Sheen', et 'Summer Breeze'.

(Page suivante) Dans mon jardin, les visiteurs peuvent apprécier des hostas dès l'entrée au jardin.

## MA PASSION
## POUR LES HOSTAS

En 1995, je suis à bout, je me rends compte que mon travail d'agent immobilier est devenu pour moi une source de stress. Après une importante
transaction qui a duré une année, je tombe, je craque, je suis incapable de
faire quoi que ce soit. Mon médecin, le D$^r$ Benrihmo, m'annonce que je suis
en plein *burn out*. Je dois interrompre mes activités professionnelles pendant un certain temps.

Combien de temps durera cet arrêt de travail ? Personne ne le sait. Six mois ?
Un an ? Peut-être plus ! Pour récupérer mon médecin me suggère d'aller regarder les oiseaux dans ma cour.

Mais voilà, dans ma cour il n'y a pas de plantes, pas de fleurs, enfin rien pour
attirer les oiseaux. Seulement quelques grands arbres, un gazon jauni et une
vieille clôture en bois traité plutôt maltraitée. Mon expérience en jardinage
est nulle. J'ai presque toujours habité dans des appartements.

Mon premier essai, une haie de cèdres (thuyas), meurt peu de temps après
sa plantation. Je déplante, je replante et le résultat est moyen. Je change
une fois de plus des cèdres et finalement la haie se porte bien. Moi, je suis
toujours en *burn out*. J'essaie de regarder les oiseaux.

14

De chaque côté de
l'entrée de cette maison,
quoi de plus invitant que
deux beaux gros hostas.

Mon voisin avait une plate-bande de hostas le long de sa maison.

Pour moi ils semblent tous pareils. Mais non. Le moineau est différent de la mésange. Le cardinal est différent du geai bleu. Dans un livre j'apprends à identifier les oiseaux et découvre que l'on peut les attirer chez soi. Pour cela il faut aménager des plates-bandes, planter des arbres à petits fruits, installer des points d'eau, etc.

Un bon jour, je me décide à entreprendre une première plate-bande : une roseraie. Rien pour attirer les oiseaux, rien pour satisfaire ma conjointe non plus, mais je commence à sortir de mon *burn out*. Et je veux en apprendre davantage sur l'horticulture. Je deviens membre de plusieurs sociétés d'horticulture, je visite des jardins, j'écoute les émissions de jardinage à la télé, je m'abonne à toutes les revues, j'achète des livres.

Je me rends compte que je n'y connais rien. Je m'inscris à des cours au Jardin botanique de Montréal. Je fais des plans, j'apprends. Et là je réalise ma première vraie plate-bande : une réussite.

*H. lancifolia*

Une de mes premières
plates-bandes de hostas.

J'aime le résultat. Je veux en faire une autre. Mais j'ai un problème. Sur notre terrain poussent de gros arbres qui procurent beaucoup d'ombre au jardin. Et je me rends compte que peu de plantes tolèrent les endroits ombragés! Sur le terrain de mon voisin poussent de magnifiques plantes à feuilles vertes comme il y en avait chez ma grand-mère. Il y en a beaucoup et sa propriété est aussi à l'ombre. Je lui demande de m'en donner un plant. Je vais bientôt apprendre que cette plante est un *Hosta lancifolia*. Il semble se plaire sous mes arbres. Je viens de découvrir que j'ai peut-être le pouce vert. Alors, je me dis: pourquoi pas une autre plante du même genre. Je choisis un *Hosta Undulata*. Et c'est ainsi que va naître une nouvelle passion.

*H. Undulata*

À la fin de la première année, j'ai déjà une dizaine de hostas différents. À la fin de la deuxième année, j'en aurai déjà une cinquantaine. Je cherche de la documentation. Il n'y en a pas ou très peu. J'apprends l'existence de l'American Hosta Society et j'en deviens membre. Toute la documentation est en anglais. Il n'existe rien en français. Mais je trouverai.

Comme il n'y a rien en français, je réunis des amateurs de hostas québécois chez moi. Je rencontre les dirigeants du Jardin botanique de Montréal, leur confie mes idées et nous devenons partenaires. Je fonde la première association regroupant des amateurs de hostas et d'hémérocalles au Québec. Cette société voit le jour au mois d'avril 2000. Grâce à diverses activités — rencontres, échanges, bulletins, visites de jardins —, elle offre tout ce qu'il faut pour satisfaire les amateurs d'ici.

Et je continue mon jardin. On peut dire que je suis « embarqué ». Je possède une vingtaine de plates-bandes dans lesquelles s'intègrent près de 350 plantes différentes, des hostas, des hémérocalles, mon jardin se remplit.

J'aime, j'adore le jardinage. On vient voir mes réalisations : les journaux, les revues, la télévision, des amateurs s'y intéressent. Enfin un peu tout le monde. Moi je continue. J'ai maintenant plus de 300 hostas différents. Et je peux vous assurer qu'au moment où vous lirez ces lignes j'en aurai encore beaucoup plus.

Ah oui ! Mon *burn out* est terminé et je suis de nouveau agent immobilier. Mes clients semblent apprécier le mariage de mes deux passions : le jardinage et mon travail… et non mon travail et le jardinage.

J'espère que ce livre vous donnera le goût de cultiver cette plante facile. Pour moi ce goût est devenu une passion. J'adore les hostas. Je vous en souhaite autant.

# D'OÙ VIENNENT
# LES HOSTAS ?

1

# LES HOSTAS DANS L'HISTOIRE

Depuis des siècles, on cultive les hostas en Chine, en Corée et au Japon. C'est toutefois vers 1790 que les premières espèces sont apparues en Europe. Ces espèces, *Hosta plantaginea* et *Hosta ventricosa*, sont devenues très populaires dans les grands jardins d'Europe. Pendant de nombreuses années ce furent les seuls hostas connus en Europe. Une quarantaine d'années plus tard, un botaniste hollandais, von Siebold, après avoir vécu plusieurs années au Japon, rapporta plusieurs nouvelles espèces en Europe de l'Ouest. C'est de l'Europe que les hostas partirent pour l'Amérique à la fin du XIXe siècle.

1. *H. plantaginea*
2. *H. lancifolia*

Jusqu'en 1812, les hostas firent partie de la famille des hémérocalles. Ils prirent ensuite le nom de *funkia* et, en 1905, le terme « hosta » devint le nom officiel de cette plante à feuillage. Il n'est pas rare de nos jours de trouver des hostas qui ont conservé le nom de funkias. Deux espèces de hostas nous viennent de la Corée. Toutes les autres espèces proviennent du Japon ou de la Chine.

En 1839, il n'existait que trois espèces de hostas en Amérique : *H. ventricosa*, *H. plantaginea* et *H.* 'Undulata'. Puis en 1854, une nouvelle espèce fit son apparition dans les catalogues : *H. lancifolia*. En 1866, on y ajouta *H. sieboldiana* et *H. sieboldii*. Dès 1890, les voyages plus fréquents vers le Japon permirent de ramener d'autres cultivars, souvent hybridés par la nature, comme *H.* 'Undulata Erromena', vendus alors sous plusieurs noms différents.

C'est vers la fin du XIX$^e$ siècle que les hostas furent utilisés comme plantes ornementales. Plusieurs horticulteurs professionnels et architectes du paysage commencèrent alors à les utiliser dans leurs aménagements. Dans les parcs, les cimetières et quelques jardins privés, on vit apparaître des collections de hostas, surtout dans des lieux ombragés. Leur propriété tapissante ainsi que leur facilité d'entretien en ont fait rapidement les plantes favorites des lieux publics. Gertrude Jekyll mentionne le nom de plusieurs hostas dans ses livres écrits en 1899, en 1901 et en 1908. Von Siebold & Coy fut la première compagnie à inscrire une sélection de hostas dans son catalogue en 1844.

Il n'est pas rare d'apercevoir de mêmes variétés de hostas, plantées en rangées, longer les trottoirs, les allées de garage et les côtés de fondations.

De 1830 à 1890, les hostas étaient reproduits par propagation ou encore par quelques hybridations. Les nouveautés étaient créées souvent par mutation naturelle d'un plant. Les paysagistes d'alors recherchaient l'uniformité et la stabilité dans leurs choix de plantes. Ils se satisfaisaient de la fraîcheur du gris de *H. sieboldiana* et du vert émeraude de *H. ventricosa* ou simplement des belles et grosses fleurs blanches odorantes de *H. plantaginea*. Toutes les autres variétés, comme les marginées, se retrouvaient dans les jardins botaniques.

Il semble que le premier hosta à provenir d'une hybridation soit *H.* 'Undulata', créé par les Japonais au début de 1800. Les premiers hybrides à l'extérieur du Japon sont apparus au début de 1900.

À la fin de la guerre, en 1918, les jardins bien éclairés devinrent de plus en plus populaires auprès des Américains. De grands arbres furent coupés afin de profiter du soleil, de sorte que les plantes et les arbustes cultivés à l'ombre furent moins utilisés et de ce fait plus difficiles à trouver. Afin de satisfaire leur clientèle, quelques pépinières importaient des hostas d'Europe sans les inscrire à leur catalogue.

1. *H. sieboldiana* 'Frances Williams'
2. *H.* 'Undulata'

Dans les cimetières, on voit souvent des hostas en rangées, comme ici, au cimetière Beechwood à Ottawa.

C'est en 1930 que les hostas regagnèrent leur popularité auprès des amateurs de jardinage. Certaines pépinières réinscrivirent donc les hostas à leur catalogue.

Cependant, c'est grâce à l'histoire bien médiatisée de Frances Williams en 1938, qui fit la découverte de *H. sieboldiana* 'Frances Williams', que l'engouement se généralisa. Les spécialistes commencèrent l'hybridation des hostas. En 1980, plus de 500 hostas étaient enregistrés, 1000 en 1990. Avant la fin du millénaire, il y avait plus de 2000 hostas différents sur le marché. Aujourd'hui, au moment où j'écris ces lignes, il y en a déjà plus de 2500.

Les hostas n'ont jamais été aussi populaires qu'aujourd'hui et leur propagation par la culture *in vitro* permet aux amateurs de se procurer les nouveaux cultivars bien plus rapidement. Aujourd'hui, la majorité des hostas que l'on trouve dans les pépinières ou les centres de jardinage proviennent de cette forme de culture.

Fumio Maekawa a répertorié 39 espèces de hostas en 1972. Puis en 1991, W. George Schmid, dans son livre *The Genus Hosta*, a révisé tous les noms des espèces trouvées. Par la même occasion, tous les hostas panachés sont devenus des cultivars. Voici la liste des 43 espèces de hostas :

| NOM LORS DE LA DÉCOUVERTE | PAYS, ANNÉE | SIGNIFICATION | NOM LATIN DE L'ESPÈCE |
|---|---|---|---|
| *Ohigan Giboshi* | Japon 1942 | hosta de l'équinoxe | *H. aequinoctiiantha* |
| *Baran Giboshi* | Japon 1984 | hosta en acier moulé | *H. alismifolia* |
| *Kurobana Giboshi* | Japon 1930 | hosta à fleur foncée | *H. atropurpurea* |
| *Fuji Giboshi* | Japon 1942 | hosta Fuji | *H. calliantha* |
| *Iya Giboshi* | Japon 1930 | hosta en forme de boule | *H. capitata* |
| *Akikaze Giboshi* | Japon 1940 | hosta qui fleurit en automne | *H. cathayana* |
| *Tsubomi Giboshi* | Japon 1930 | hosta aux fleurs fermées | *H. clausa* |
| *Ko Giboshi* | Japon 1938 | petit hosta | *H. clavata* |
| *Atsuba Giboshi* | Japon 1943 | hosta à feuilles épaisses | *H. crassifolia* |
| *Keyari Giboshi* | Japon 1940 | hosta à fleurs très denses | *H. densa* |
| *Kuronami Giboshi* | Japon 1940 | hosta à feuilles foncées et ondulées | *H. fluctuans* |
| *Hime Iwa Giboshi* | Japon 1936 | petit hosta de rocher | *H. gracillima* |
| *Urajiro Giboshi* | Japon 1962 | hosta à feuille avec dos blanc | *H. hypoleuca* |
| *Ibuki Giboshi* | Japon 1942 | hosta du mont Ibuki | *H. ibukiensis* |
| *Tadohae-bibich'u* | Corée 1989 | hosta sur plusieurs îles | *H. jonesii* |
| *Hyuga Giboshi* | Japon 1937 | hosta de Hyuga | *H. kikutii* |
| *Kiyosumi Giboshi* | Japon 1935 | hosta du mont Kiyosumi | *H. kiyosumiensis* |
| *H. laevigata* | Corée 1987 | hosta à surface polie | *H. laevigata* |
| *Iwa Giboshi* | Japon 1894 | hosta de rocher | *H. longipes* |
| *Mizu Giboshi* | Japon 1935 | hosta de marécage | *H. longissima* |
| *Keirin Giboshi* | Corée 1911 | hosta de Corée | *H. minor* |
| *Oba Giboshi* | Japon 1940 | hosta à feuilles larges et de montagne | *H. montana* |
| *Kanzashi Giboshi* | Japon 1935 | hosta comme une épingle à cheveux ornementale | *H. nakaiana* |

1. *H. shikokiana*
2. *H. hypoleuca*
3. *H. venusta*

1. *H. hypoleuca*

2. *H. montana*

3. Pour créer un point focal près d'une fenêtre, un gros hosta fera très bien le travail.

| NOM LORS DE LA DÉCOUVERTE | PAYS, ANNÉE | SIGNIFICATION | NOM LATIN DE L'ESPÈCE |
|---|---|---|---|
| *Kuro Giboshi* | Japon 1937 | hosta noir | *H. nigrescens* |
| *Okuyama Giboshi* | Japon 1942 | hosta de Okuyama | *H. okamotoi* |
| *Benkei Giboshi* | Japon 1940 | hosta à tige épaisse | *H. pachyscapa* |
| *Maruba Tama No Kanzashi* | Chine 1838 | hosta à feuilles rondes comme un bijou | *H. plantaginea* |
| *Ubatake Giboshi* | Japon 1976 | hosta beau et petit | *H. pulchella* |
| *Setouchi Giboshi* | Japon 1976 | hosta à feuillage dense | *H. pycnophylla* |
| *Tachi Giboshi* | Japon 1930 | hosta érigé | *H. rectifolia* |
| *Aoba Omoto Giboshi* | Japon 1940 | hosta à feuilles vertes | *H. rohdeifolia* |
| *Hachijo Giboshi* | Japon 1930 | hosta qui pousse dans les crevasses de rocher | *H. rupifraga* |
| *Shikoku Giboshi* | Japon 1976 | hosta de Shikoku | *H. shikokiana* |
| *To Giboshi* | Japon 1888 | hosta nommé en l'honneur de von Siebold et considéré comme la Reine des hostas | *H. sieboldiana* |
| *Fukurin Giboshi* | Japon 1928 | hosta avec une marge ornementale | *H. sieboldii* |
| *Shihizo Giboshi* | Japon 1942 | hosta de Shihizo | *H. takahashii* |
| *Taki Giboshi* | Japon 1942 | hosta de Taki | *H. takiensis* |
| *Nankai Giboshi* | Japon 1930 | hosta à fleurs tardives | *H. tardiva* |
| *Nagasaki Giboshi* | Japon 1984 | hosta de Nagasaki | *H. tibae* |
| *Tsushima Giboshi* | Japon 1976 | hosta de Tsushima | *H. tsushimensis* |
| *Murasaki Giboshi* | Japon 1931 | hosta à fleurs pourpres foncées | *H. ventricosa* |
| *Otome Giboshi* | Japon 1935 | hosta comme une belle déesse | *H. venusta* |
| *Huksando-bibich'u* | Corée 1989 | hosta nommé en l'honneur de Barry R. Yinger | *H. yingeri* |

Le terme *Giboshi* signifie hosta en langue japonaise. Le terme *bibich'u*, quant à lui, veut dire hosta en coréen. Le mot *herifu* signifie marginé tandis que le mot *kifukurin* signifie marginé blanc ou doré.

# COMMENT VIVENT
# LES HOSTAS ?

2

# LA CULTURE DES HOSTAS

Pour un jardinier, les hostas ont une valeur pouvant se traduire par trois mots : feuillage, utilité et fiabilité.

Sur tous les terrains, au fur et à mesure que les arbres et les arbustes atteignent leur maturité, les jardins sont envahis par l'ombre que crée leur feuillage. La très grande variété de plantes qui poussaient si bien lorsque les arbres étaient petits voient maintenant leur croissance ralentie ou empêchée. En fait, très peu de plantes parviennent à s'épanouir sur un terrain ombragé.

1. *H.* 'Blue Angel' peut atteindre facilement plus de 215 cm (7 pi) de diamètre.

2. *H.* 'Uzo No Mai' est le plus petit hosta que l'on peut se procurer. À peine plus gros qu'une pièce de monnaie à maturité, il est cependant difficile à conserver dans un jardin.

*H.* 'Frosted Jade' est un des plus gros spécimens sur le marché. J'en ai déjà vu un de plus de 3 m (10 pi) dans les jardins de Van Wade en Ohio.

Les hostas, ces magnifiques plantes d'ombre, sont vite devenus les chouchous de nos jardiniers. Grâce à leurs grandes surfaces de feuillage capables d'évaporer l'eau, grâce aussi à la chlorophylle qui leur permet d'utiliser la faible quantité d'ensoleillement que laisse passer le couvert végétal des arbres, ils bénéficient d'une formule idéale pour croître à des températures plus fraîches et avec moins de lumière.

Si vous recherchez des plantes ayant un feuillage aux dimensions variées, offrant une belle gamme de couleurs et différentes formes et textures, si vous aimez des plantes qui sont attrayantes du printemps aux premiers gels, qui fournissent suffisamment d'ombre sur le sol pour empêcher la prolifération des mauvaises herbes, qui peuvent pousser au même endroit pendant plusieurs années, voire toujours, sans que vous n'ayez besoin de les diviser, de les transplanter ou de les fertiliser et qui plus est, deviennent plus belles avec le temps… votre choix sera plutôt limité. À moins que vous n'optiez pour les hostas, en quel cas vous aurez le choix entre 2500 plantes. De plus, il existe des hostas géants comme il y en a de très petites dimensions.

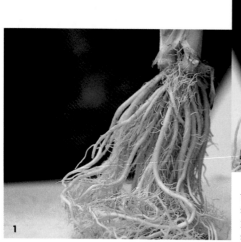

1. La majorité des hostas se multiplient à l'aide d'un système racinaire qui s'agrandit autour de la couronne.
2. Certains hostas se propagent par des racines en stolons.

Promenez-vous dans de vieux jardins et observez les plates-bandes. Essayez de trouver les plantes qui sont là depuis l'origine du jardin et vous verrez que la liste est assez restreinte, surtout si le terrain est ombragé. Toutefois il n'est pas rare de trouver un gros plant de hosta, majestueux, surtout si c'est un hosta géant. Et notez que, plus il est âgé, plus il est beau.

La très grande variété de couleurs et de panachures est assurément un grand atout pour les jardiniers. Il faut cependant faire très attention aux couleurs de ces panachures. Je les considère comme des couleurs « vivantes », parce que celles-ci peuvent varier selon l'âge de la plante, la lumière qu'elle reçoit, la température dans laquelle elle croît, les éléments nutritifs du sol, ainsi que les périodes de sécheresse ou de pluie. Il faut prévoir tous les changements qu'elle subit. Un jeune plant de hosta a souvent des couleurs et des formes différentes de celles qu'il adoptera à maturité. Ses marges, par exemple, prennent souvent quelques années avant d'atteindre leur pleine couleur. Dans la majorité des livres et des catalogues, les photos montrent des plants en pleine maturité. Lors de l'achat d'un jeune plant, vous constaterez souvent des différences de formes et de couleurs, ce qui est parfaitement normal.

Sachant que les hostas prendront quelques années pour croître, deux possibilités s'offrent à vous lorsque vous dessinez vos plates-bandes : vous pouvez planter vos hostas en tenant compte dès le départ des dimensions des plants à maturité en remplissant les trous avec des annuelles ou vous pouvez planter vos jeunes hostas plus rapprochés, sachant que vous devrez les déplacer après quelques années.

Les hostas n'ont pas besoin d'être divisés. Toutefois, si vous avez l'intention de le faire, il ne faudrait pas diviser vos plants avant le printemps de la troisième année, car il semble que les nouvelles divisions explosent à ce moment. La division doit se faire en laissant la plante mère en place dans la mesure du possible. Déterrez un côté du plant puis avec un couteau bien affilé, coupez la couronne avec ses racines et détachez-les avec vos mains. Mettez de la nouvelle terre à la place, là où vous avez prélevé un morceau de la plante et dans quelques jours rien n'y paraîtra. Avant de diviser un hosta, observez ses racines. Il peut porter des racines ramifiées ou encore il peut se multiplier par stolons. Dans ce cas, il faut s'assurer qu'une partie du tronc de la plante mère demeure avec les racines au moment de la division.

*H.* 'August Moon', jaune, nécessite plusieurs années pour devenir mature.

*H.* 'Montreal', un hosta
vert, atteint sa maturité
en quelques années.

Les plants que vous achetez ne sont jamais à leur meilleur. Ils ont peut-être voyagé dans des conditions difficiles, dans un camion ouvert ou dans des boîtes fermées, ou encore dans les soutes à bagages pressurisées des avions. Il ne faudrait donc pas les diviser immédiatement, ils risquent de mourir à la suite de cette opération.

Les hostas, dont les feuilles montrent une grande quantité de jaune, de crème ou de blanc exigent plus de temps et de patience pour atteindre leur maturité. C'est à cause de la chlorophylle, une substance qui fait que la majorité des gros hostas sont de couleur verte ou bleue et presque toujours d'une seule couleur. Cette différence dans la chlorophylle nous porte à croire que les hostas ayant beaucoup de jaune, de crème et de blanc seront généralement plus petits. Il ne faut pas cependant penser que les hostas miniatures ou petits, verts ou bleus, sont des plants chétifs. Les petits hostas en général poussent très lentement et sont souvent propagés par stolons, ce qui signifie qu'ils devraient se répandre et couvrir une plus grande surface du jardin avec le temps.

Un des facteurs très importants dans la culture des hostas demeure le sol. La qualité du sol est aussi importante que l'ombre. Le meilleur sol est aéré, capable de retenir les éléments nutritifs et l'eau, habilité à supporter les micro-organismes et les vers de terre et prêt à conserver une stabilité des températures tout en résistant aux effets de sécheresse. Les sols les moins recommandés sont le sable de plage et le sol glaiseux, le premier laissant passer l'eau et l'air trop aisément tandis que le second les empêche simplement de passer. Les hostas tolèrent l'eau salée et le vent, mais ne résistent pas aux sols stériles. Dans ce cas il faut ajouter beaucoup de mousse de tourbe au sol. Ils préfèrent les sols plus acides que neutres, un pH d'environ 6. Le trou de plantation devrait être de la même dimension que le hosta à maturité.

Un bon sol est composé d'environ un tiers de terreau, d'un tiers de sable et d'un tiers d'humus pour une profondeur d'au moins 15 cm (6 po), dans un endroit qui ne cuira pas au soleil d'été. En ajoutant régulièrement de la matière organique (compost, feuilles hachées ou fumier bien composté), votre sol augmentera sa capacité de rétention d'eau et pourra garder ses réserves nutritives, tels l'azote, le potassium et le phosphore.

Plusieurs jardiniers fertilisent leurs hostas inutilement. Il ne sert à rien de trop fertiliser les hostas. Peut-être deviendront-ils plus gros, mais ils seront plus fragiles surtout si la fertilisation encourage les nouvelles pousses qui auront de la difficulté à supporter nos hivers. Au lieu de les fertiliser, rajoutez environ 15 cm (6 po) de compost tous les deux ou trois ans. Prenez l'habitude d'enlever les fleurs fanées, ce qui empêchera la formation de graines. Par contre si vous les laissez, peut-être aurez-vous la chance de voir apparaître de nouveaux petits hostas dans vos plates-bandes. Arrosez régulièrement vos hostas sinon les radicelles seront plus vulnérables en périodes de sécheresse. Aérez le sol près de vos plants, ce qui pourra augmenter leur performance.

La bonne nouvelle avec les hostas, c'est que les mauvaises herbes seront presque inexistantes surtout lorsque les plants auront atteint leur maturité. Les grosses feuilles empêcheront les semences des mauvaises herbes de germer en leur enlevant la lumière et l'arrosage, deux éléments indispensables à leur germination. N'introduisez pas non plus de couvre-sol envahissants comme *Aegopodium, Lonicera, Pachysandra*. Ils pousseront comme de la

*Aegopodium* ne doit pas être planté à côté des hostas. Cette plante, très vigoureuse, étouffera vos plants.

mauvaise herbe et étoufferont vos hostas, surtout les plus petits. En les entourant d'environ 5 cm (2 po) de paillis après que le sol aura gelé, vous pourrez mieux contrôler les mauvaises herbes à la prochaine saison. Toutefois, une application trop hâtive, avant le gel du sol encouragera les mulots à s'établir ; ceux-ci, s'ils sont affamés, peuvent manger les rhizomes de vos plants. Il est bon de remettre du paillis au printemps. Prenez garde de ne pas étouffer les petits hostas avec le paillis en les recouvrant totalement.

Les plantes à feuillage comme les hostas laissent évaporer beaucoup d'eau, surtout si le sol est très humide. Les hostas ont besoin juste assez d'eau pour les empêcher de faner. Il faut donc être très prudent lors des périodes de sécheresse. Voici quelques conseils pour l'arrosage de vos hostas :

1. Arrosez lentement (une vaporisation est préférable à toute autre forme d'arrosage), pour ne pas compacter le sol, encourager l'érosion, et pour éviter que la pellicule des hostas bleus ne s'enlève.

2. Arrosez en profondeur, au moins 2,5 cm (1 po), ou suffisamment pour irriguer le sol sur une profondeur d'au moins 15 cm (6 po).

3. Arrosez pendant la matinée, avant que la température ne soit trop chaude, pour donner le temps à vos plantes de sécher avant la tombée de la nuit (au moment où les limaces sont les plus actives).

Si vos hostas ne donnent pas leur maximum, une légère fertilisation peut les aider. Un engrais équilibré fera l'affaire. Les hostas ne voient pas la différence entre un engrais naturel et un engrais chimique. Ils apprécient cependant un engrais à décomposition lente plutôt qu'un engrais chimique à effet rapide.

Essayez d'abord un engrais à décomposition lente (14-14-14), environ la moitié de la dose recommandée sur l'emballage. Pour ma part, j'utilise de la luzerne en granules. Cette source d'azote favorise un plus beau feuillage. Appliquez préférablement au printemps et mélangez au sol après que les pousses sont sorties de terre. Durant la croissance de la plante, vous pouvez appliquer un engrais (20-20-20) tous les 15 jours. Commencez la fertilisation en utilisant seulement $\frac{1}{10}$ de la dose recommandée. Évitez la fertilisation durant la période la plus chaude de la journée. Si vous avez appliqué un paillis, vous devrez ajouter un engrais azoté à vos plants. Toutes les autres fertilisations faites après la mi-juillet auront comme résultat de favoriser de nouvelles pousses tendres, qui seront vulnérables aux limaces et aux maladies.

En général, plus un hosta reçoit de la chaleur, plus le sol doit être humide. Et plus le sol sera humide, plus grosses seront ses feuilles. Plantés à l'ombre, vos hostas auront des feuilles plus grosses, mais ils auront moins de fleurs. Les plus grosses feuilles apparaîtront lorsque votre plant sera à maturité.

Un hosta placé dans un endroit ensoleillé aura tendance à produire plus de nouvelles pousses, plus de fleurs, mais ses feuilles seront plus petites.

Il se peut que votre hosta n'aime pas l'endroit où il a été planté. N'ayez pas peur de le transplanter afin de trouver un lieu qu'il appréciera. Déplacer un plant est assez facile, surtout au printemps lorsque le sol se réchauffe. Vous pouvez cependant le faire en tout temps, bien qu'il soit préférable d'attendre une journée sombre, par exemple, le lendemain d'une bonne pluie. Déplacez une grosse motte afin de ne pas briser les petites racines qui alimentent vos plants. Si vous devez déplacer un hosta au milieu de l'été en plein soleil,

coupez les feuilles et arrosez bien votre plante. Les nouvelles pousses seront proportionnelles au nouveau système racinaire qui se formera. Il ne faut jamais déplacer un hosta en hiver, au moment où ses racines sont inactives, car le froid ou les pluies froides feraient pourrir les racines.

Les hostas qui ont été cultivés en pots durant l'été (en aménagement) ont souvent des racines qui s'entremêlent à l'extérieur des pots. À l'automne, il faut alors les défaire avant de les transplanter en pleine terre. Il est recommandé d'utiliser de la nouvelle terre pour cette plantation. Les racines mortes ou endommagées devraient être enlevées. Arrosez abondamment. Une autre façon consiste à coucher vos pots sur le côté avant de les recouvrir d'une toile géotextile. Un hosta en pot redoute le gel et le dégel.

Lorsque le sol est trop compact ou que le soleil plombe directement sur un hosta, il se développe sur son feuillage une marge brunâtre, plus spéciale-ment en période de sécheresse. Amendez alors votre sol avec beaucoup de compost, non seulement à la base du plant, mais tout autour.

Un arrosage fait à l'aide d'un tuyau suintant ou à jet vaporisateur est préféra-ble à un arrosage conventionnel. Une eau froide versée sur les feuilles les fera rétrécir, tandis que des gouttelettes y formeront des taches en séchant. L'*indumentum*, la pellicule qui recouvre les hostas bleus, absorbe davantage les rayons lumineux blancs et réfléchit la lumière bleue. Cette surface bleu-tée peut également être endommagée par une exposition à une chaleur intense. La surface semble même s'évaporer. Les hostas bleus sont donc à leur meilleur dans les endroits frais, ombragés, et si possible plantés à

Des hostas cultivés dans des pots peuvent modifier vos aménagements à votre gré durant toute la saison.

proximité de points d'eau. Il faut également éviter de frotter la surface des hostas bleus si vous ne voulez pas que le hosta devienne vert.

Les hostas jaunes réfléchissent bien la lumière et la chaleur. Même s'ils tendent à développer leur meilleure couleur à la lumière intense, ils apportent de la clarté dans les coins plus ombragés.

Les hostas ont besoin d'une période de dormance pour bien performer. Cette période de dormance est d'environ 700 heures à une température de 5 °C (40 °F) et dure environ un mois.

Certains hostas comme *H.* 'Hyacinthina' se parent de belles couleurs lorsque l'automne arrive.

1. Les hostas bleus ont une fine pellicule bleue sur la surface de leurs feuilles.

2. En enlevant la pellicule bleue sur les hostas bleus, vous obtenez une feuille verte. Gardez-vous des arrosages trop directs !

3. Certains hostas sont particulièrement agréables à regarder en automne.

*H.* 'Krossa Regal'

# COMMENT PLANTER LES HOSTAS

Lors d'un voyage à Bellville en Ohio, j'ai pu remarquer que le jardin de Van Wade, un pépiniériste qui possède une immense collection de hostas, abritait plusieurs spécimens aux dimensions très imposantes.

Ex. :  *H.* 'Sum and Substance' – 260 cm (102 po) de diamètre
      *H.* 'Krossa Regal' – 215 cm (84 po) de diamètre
      *H.* 'Sagae' – 200 cm (77 po) de diamètre.

Devant ces vigoureuses plantes, je me suis demandé quelle était sa recette. C'est avec plaisir qu'il a bien voulu me confier sa technique de plantation, la meilleure que j'ai pu observer jusqu'ici.

1. *H.* 'Sum and Substance'
2. *H.* 'Sagae'

### Des plates-bandes à la manière de Van Wade

Pour bien établir ses plates-bandes, Van Wade utilise de la terre d'empotage Promix® mélangée à du sable à ciment, mixture qu'il amende ensuite avec du compost.

Il enlève d'abord toutes les matières qui se trouvent à l'endroit de plantation. Puis il dépose entre 25 et 30 cm (10 et 12 po) de ce bon mélange. Cette méthode est toutefois très dispendieuse. Lorsque je lui en ai fait la remarque, sa réponse m'a paru pleine de bon sens : «Vous achetez une plante, un arbuste, ou encore un arbre qui a pu coûter jusqu'à une centaine de dollars et vous la placez dans un trou de plantation de quelques sous. Ne vous étonnez donc pas si votre plante a l'air d'une plante à dix dollars !»

Si vous aménagez votre plate-bande de façon assez sommaire et que, en y laissant des pierres parce que vous avez vous-même de la difficulté à creuser avec votre pelle de métal, imaginez comment réagira une petite racine, voire une radicelle ! Votre plante aura bien sûr «toutes les misères du monde» à s'installer et dépérira avec le temps. Et c'en sera fait de votre investissement.

En revanche, si vous faites votre plantation dans un mélange comme celui que j'ai mentionné plus haut, votre plante, même celle qui ne vous aura coûté que quelques sous, prendra de l'envergure et poussera sans difficulté. Elle aura alors l'air d'une plante à cent dollars.

Si votre budget de départ ne vous permet pas de préparer vos plates-bandes de cette façon, assurez-vous au moins que vos trous de plantation sont remplis d'un mélange dont voici la recette :

10 portions de terreau d'empotage (style Promix®)
10 portions de sable à ciment
10 portions de compost bien décomposé

Bien mélanger. Vous aurez alors une terre facile à manipuler et surtout très légère.

NOTE : dans le terreau d'empotage, il y a de la perlite et/ou de la vermiculite. Cette matière retient l'eau, donnant ainsi une bonne humidité à votre sol. Le sable permettra à votre mélange de laisser passer facilement les surplus d'eau, permettant une bonne irrigation. Le compost donnera plus de vie microbienne à votre terreau.

## *Méthode de plantation*

1. Creusez un trou ayant au moins deux fois la dimension de votre pot.
2. Lorsque vous dépotez la plante, essayez de dégager les racines, surtout si la plante est dans ce pot depuis longtemps. On conseille aussi d'enlever le plus de terre possible.
3. Déposez votre plante sur au moins 10 cm (4 po) du mélange de terreau.
4. Ajoutez une portion de fertilisant (voir la recette plus loin).
5. Remplissez de votre mélange de terreau. Assurez-vous d'avoir éliminé toutes les poches d'air dans le sol.
6. Fabriquez un remblai avec votre mélange de terreau autour de votre plante pour permettre de retenir l'eau lors des arrosages.

Lors de la plantation, assurez-vous de bien démêler les racines de la plante que vous désirez planter.

7. Placez une étiquette afin d'identifier votre nouvelle plante.
8. Arrosez votre plante avec un arrosoir ou un tuyau muni d'un pommeau. Ce jet d'eau permettra à votre terreau de s'imbiber au lieu d'être inondé.
9. Recouvrez d'un bon paillis afin de garder plus longtemps l'humidité dans le sol. (Paillis de cèdre haché mince).
10. Pour éviter que votre hosta ne se fasse dévorer par les limaces, ajoutez au paillis des aiguilles de pin. Vous pouvez aussi en profiter pour y ajouter un peu de terre diatomée dont je parlerai plus loin. Pour ma part, je dépose sur la terre des éclats de verre recyclé.

### Fertilisation

Pour qu'une plante pousse correctement, il faut la nourrir convenablement ! Lors de la plantation, vous devez lui donner toutes les vitamines nécessaires à sa croissance. Certains engrais agissent immédiatement tandis que d'autres sont lents à réagir. Certains ingrédients stimulent les poussées de croissance tandis que d'autres donnent du teint au feuillage.

Van Wade a une recette assez complexe, mais qui donne des résultats inespérés. Je pense qu'il vaut la peine de l'utiliser. Pour ma part, je l'ai adoptée les yeux fermés.

Dans un grand contenant, mélangez bien les ingrédients suivants :

4 portions de fertilisant à dégradation lente (15-6-12)
$1/2$ portion de sel d'epson
4 portions de luzerne en granules
1 portion de sang séché
1 portion d'os moulus (2-11-0)
1 portion de phosphate en poudre
1 portion d'engrais à dégradation lente (4-4-2)
4 portions d'engrais en poudre (20-20-20)
1 poignée de mycorhize

Assurez-vous de bien mélanger. Au moment de la plantation, ajoutez une poignée de ce mélange d'engrais à votre mélange de terre.

Puis deux fois par saison, soit au printemps et à l'automne, donnez à chacun de vos hostas une autre poignée de ce mélange. Pour ma part, j'y rajoute également de la luzerne et du compost de champignons.

## LES FLEURS DE HOSTAS

Il ne m'apparaît pas nécessaire d'aborder en détail la morphologie des fleurs, mais certaines informations pourront vous aider à mieux identifier vos besoins, ou encore à mieux connaître les hostas.

Les fleurs des hostas sont de dimensions variables. Il y a premièrement celles que l'on considère comme de grosses fleurs qui mesurent environ 7,5 cm (3 po) de longueur, C'est le cas des fleurs de *H. plantaginea*. Les fleurs dites moyennes varient entre 2,5 cm et 7,5 cm (1 et 3 po) de longueur. La majorité des cultivars se retrouvent dans cette catégorie. Puis il y a les petites fleurs qui, elles, ont moins de 2,5 cm (1 po) de longueur.

1. Assurez-vous de bien fertiliser.
2. Certains hostas possèdent de grosses fleurs.
3. D'autres fleurs sont de dimension moyenne.

1. Des fleurs lavande
2. Des fleurs pourpres
3. Des fleurs blanches

Leurs formes varient également. Certaines sont en forme d'entonnoir (*H. montana*), d'autres ont la forme d'une clochette (*H. ventricosa*). On a découvert récemment des hostas ornés de fleurs de type araignée (*H. yingerii* et *H. laevigata*), mais elles sont très rares. La majorité des fleurs de hostas sont simples. Nous retrouvons toutefois quelques fleurs doubles (*H. plantaginea* 'Aphrodite').

La couleur des fleurs va de pourpre foncé à blanc, en passant par toute la gamme du lavande. Elles sont souvent en grappes.

La grande majorité des fleurs des hostas ne sont pas parfumées. Il y a quelque temps, seule l'espèce *H. plantaginea* était ornée des fleurs odorantes. C'est d'ailleurs la seule espèce à fleurs odorantes dans son habitat naturel, la Chine.

Mais depuis quelques années, les hybrideurs ont réussi à créer de nouveaux cultivars très parfumés qui font désormais partie de nos aménagements.

Voici d'ailleurs une liste assez complète de hostas aux fleurs odorantes.

| | | |
|---|---|---|
| 'Abiqua Ambrosia' | 'Heaven Scent' | 'Seventh Heaven' |
| 'Asuka' | 'Hogyoku' | 'Shiho' |
| 'Avocado' | 'Honeybells' | 'Showtime' |
| 'Bette Davis Eyes' | 'Invincible' | 'So Sweet' |
| 'Diana Remembered' | 'Iron Gate Bouquet' | 'Sugar and Cream' |
| 'Emily Dickinson' | 'Iron Gate Delight' | 'Summer Fragrance' |
| 'Flower Power' | 'Iron Gate Glamor' | 'Sweet Jil' |
| 'Fragrant Blue' | 'Iron Gate Supreme' | 'Sweet Marjorie' |
| 'Fragrant Bouquet' | 'Julia Gaede' | 'Sweet Standard' |
| 'Fragrant Candelabra' | 'Marbled Bouquet' | 'Sweet Sunshine' |
| 'Fragrant Flame' | 'Mistress Mabel' | 'Sweet Susan' |
| 'Fragrant Gold' | 'Niohi No Mai' | 'Sweet Winifred' |
| 'Fragrant Tot' | 'Otome No Ka' | 'Sweetie' |
| 'Fried Bananas' | *plantaginea* | 'Venus' |
| 'Fried Green Tomatoes' | *plantaginea* 'Aphrodite' | 'Warwick Essence' |
| 'Garden Bouquet' | *plantaginea* 'Stenantha' | 'White Knight' |
| 'Guacamole' | 'Royal Accolade' | 'White Shoulders' |
| 'Heavenly Green' | 'Royal Standard' | 'Whipped Cream' |

47

Quant aux dates de floraison, quelques fleurs apparaissent au tout début de la saison, soit avant le 1<sup>er</sup> juin, tandis que d'autres écloront très tard à l'automne, même après le 1<sup>er</sup> octobre.

Pour ce qui est de la tige florale, elle peut être de différentes longueurs et aussi de différentes couleurs, notamment le bourgogne ou même le noir. Plusieurs tiges sont couvertes de poils alors que d'autres sont très lisses.

Plusieurs personnes considèrent la fleur des hostas comme insignifiante. Si vous ne l'aimez pas, vous n'avez qu'à la couper. Cela n'affectera nullement votre plant, au contraire il produira plus de racines.

Cependant, n'oubliez pas que la fleur produira des graines et, sans doute, apparaîtront de nouveaux petits plants au sol.

Il faut savoir que les fleurs de hostas ont une période de floraison longue qui procure des couleurs aux plates-bandes. Si vous avez un jardin dont la couleur thématique est le blanc, vous pouvez y intégrer des hostas à fleurs blanches.

De plus, la majorité des fleurs de hostas s'intègrent très bien aux bouquets de fleurs coupées.

1. Certains hostas ont des tiges florales rougeâtres.
2. *H.* 'Maui Buttercups'
3. *H.* 'Abby'

À l'aide de ses dents très fines, la limace creuse de petits trous au centre des feuilles de hostas.

Par contre, si vous plantez des hostas à fleurs odorantes, placez-les le long d'un sentier, sur le pourtour d'une terrasse ou encore près d'une fenêtre pour mieux profiter de leur parfum.

# LE PRINCIPAL ENNEMI DES HOSTAS : LES LIMACES

Les hostas n'attirent généralement aucun insecte nuisible et ne sont pas sujets aux maladies. Seules les limaces ont un effet négatif sur leur culture. Les feuilles infestées sont rongées en leur centre et montrent des trous irréguliers qui ne sont pas nécessairement ronds : ces perforations sont souvent assez longues et semblent creusées au centre de la feuille. Vous remarquerez la présence des limaces avant même qu'elles ne commencent leurs ravages : observez régulièrement les feuilles de vos plantes et surveillez l'apparition de mucus sur leur surface. Un problème dont on s'occupe dès le départ est toujours plus facile à régler.

La limace est un mollusque, au même titre que les huîtres ou les moules. Cousine de l'escargot, elle s'en distingue par le fait qu'elle n'a pas de coquille pour se protéger. La limace pond des œufs translucides ayant la forme de perles qu'elle cache sous des débris ou qu'elle enterre dans le sol. Elle peut pondre entre 20 et 100 œufs, plusieurs fois par saison. Une limace prendra approximativement deux ans pour parvenir à maturité et peut vivre jusqu'à six ans. La limace grise de nos jardins, *Peroceras reticulatum,* est celle que nous retrouvons le plus fréquemment au Québec. Elle mesure environ 2,5 cm ( 1 po) de longueur. La limace est hermaphrodite c'est-à-dire qu'elle possède les organes reproducteurs des deux sexes. Elle a deux paires de tentacules en avant. La première, placée au-dessus, lui permet de voir, tandis que celle d'en dessous lui permet de sentir. Elle possède une glande qui sécrète un mucus. C'est cette bave dont elle enduit les feuilles qui demeure jusqu'au matin, puis se solidifie et sèche au soleil. Ce mucus permet à la

La fameuse «bibitte» qui perce les feuilles de vos hostas.

limace de garder continuellement son corps humide et la protège des prédateurs. La limace a des dents très fines qui lui permettent de mastiquer le centre des feuilles des hostas. Il lui arrive aussi de ronger le rebord des feuilles, mais c'est plus souvent l'œuvre des insectes mâcheurs.

Les limaces commencent à ramper et à se nourrir de une à trois semaines après leur naissance. Il leur faudra entre deux mois et un an pour devenir adultes et manger de 30 à 40 fois leur poids dans une journée. Elles dorment durant l'hiver et pondent leurs premiers œufs au printemps. Les nouveaux adultes sont déjà «au travail» au jardin quand la deuxième génération arrive. Les dommages causés par les limaces sont surtout esthétiques. Toutefois une infestation abondante peut perturber la croissance de la plante et peut même la faire mourir.

## Comment régler le problème

Les jardiniers et les spécialistes possèdent toutes sortes de remèdes pour éliminer ou réduire les dommages causés par les limaces.

On peut tout d'abord préparer le terrain qu'elles affectionnent de façon à y attirer leurs prédateurs naturels.

Plusieurs de ces recettes maison sont très écologiques. Viennent ensuite les moyens biologiques, les outils de répression et enfin les armes chimiques. Un fait demeure : il ne faut jamais laisser vivre une limace. Dès que vous en voyez une, faites ce qui vous paraît le plus approprié, mais de grâce, agissez ! Je préfère pour ma part les moyens non toxiques aux produits qui comportent des risques pour l'environnement.

### La préparation efficace du terrain

Vous remarquerez que même si les limaces adorent les hostas, elles n'aiment pas les matières trop acides. Pourtant les hostas adorent les sols acides. Assurez-vous donc d'acidifier votre sol et d'y ajouter de la mousse de tourbe. Les limaces affectionnent les endroits humides et se cachent dans les mauvaises herbes.

Évitez de leur fournir des endroits où elles peuvent se cacher aisément : enlevez les mauvaises herbes, tondez votre pelouse et conservez-la courte, et évitez de laisser tous genres de débris sur votre terrain (pierres, morceaux de bois, briques, contenants, etc.). Au moment de planter vos hostas, assurez-vous de leur procurer une bonne aération entre les plants. Utilisez des paillis adéquats. Les paillis de cèdre (fin), les aiguilles de pin, les écailles d'œufs broyées ont tendance à repousser les limaces, soit par l'odeur, la résine ou encore les surfaces coupantes. Des jardiniers ont obtenu de bons succès en appliquant un paillis de 5 à 7,5 cm (2 à 3 po) d'aiguilles de pin. Ces aiguilles ne changent pas le pH d'une façon significative. Par contre, certains paillis constituent des cachettes idéales pour les limaces.

Nettoyez vos plates-bandes au printemps. En remuant la terre en profondeur vous éliminerez une grande quantité de limaces en dormance et une grande quantité d'œufs. Faites ce travail par temps ensoleillé. Ni les limaces ni leurs œufs n'aiment le soleil. Attendez que le sol soit sec pour effectuer ce travail.

Enlevez les feuilles basses le plus possible et tuteurez les plantes compagnes pour permettre au sol de rester plus sec. Assurez-vous que vos plates-bandes sont bien drainées. Les limaces recherchent un sol suffisamment humide pour y pondre leurs œufs.

Arrosez vos plates-bandes tôt le matin. La terre aura le temps de s'assécher avant la nuit. Les limaces raffolent des sols humides et frais.

Lorsque vous choisissez vos cultivars de hostas, optez pour des plants plus résistants aux limaces. Si vos plantes d'accompagnement et vos arbres sont eux aussi résistants aux limaces, vous verrez sûrement moins de ces rongeuses au jardin. La culture en plates-bandes surélevées et la culture en contenant sont aussi moins propices aux limaces.

Les aiguilles de pin
éloignent les limaces.

1. Les grenouilles raffolent elles aussi des limaces.
2. Le moqueur chat, le merle et les carouges
à épaulettes se régalent de limaces.
3. Les crapauds adorent manger des limaces.

### Profitez de la nature pour combattre les limaces

Les crapauds et les grenouilles adorent déguster les limaces. Construisez un plan d'eau, même petit, afin d'encourager ces amphibiens à vivre dans votre jardin. Les crapauds s'occuperont des endroits secs tandis que les grenouilles videront les endroits humides. Le régime alimentaire de ceux-ci comprend un quart de limaces. Les tortues sont également des prédatrices efficaces. Les poules, les canards et les oies peuvent également se nourrir de limaces, mais leur élevage n'est pas très populaire en milieu urbain.

Attirez chez vous des variétés d'oiseaux. Installez des abreuvoirs, des mangeoires, des nichoirs. Les limaces sont remplies de protéines et constituent une nourriture de choix pour les oisillons. Rappelez-vous que tous ces prédateurs mangent leurs limaces vivantes.

## Les recettes de ma grand-mère

### La bière

Remplissez de bière un petit bol que vous enfouirez dans le sol infesté en ne laissant dépasser que le rebord du contenant. Les limaces, attirées par l'odeur de la levure, viendront s'y noyer. Un mélange de levure et d'eau donne le même résultat. Le contenant doit être vidé et rempli tous les deux jours. Après la pluie, il faut également recommencer. Toutes les bières conviennent. Toutefois, selon une expérience faite à l'université du Colorado, il semble que les limaces préfèrent la bière Kingsbury, suivie de la Budweiser. Pour plus d'efficacité, placez plusieurs contenants de bière dans le jardin. Vous pouvez également utiliser un pot muni d'un couvercle troué sur le côté; les limaces ont accès à la bière et votre contenant est ainsi protégé de la pluie.

### La cendre de bois et les coquilles d'œufs

Plusieurs autres moyens peuvent être utilisés pour faire obstacle aux limaces. La cendre de bois provenant du foyer et les coquilles d'œufs sont très populaires. Assurez-vous de bien écraser les coquilles et placez-les autour du plant. Nullement nocives pour le sol, ces coquilles broyées agissent comme des lames de rasoir sur le corps des limaces, endommageant leurs glandes muqueuses. Cela aura pour effet de les envoyer ailleurs. Quant à la cendre de foyer, c'est son acidité qui éloignera les limaces. Dans les deux cas il faut répéter l'opération toutes les deux semaines environ ou après la pluie. La sciure de bois aura un effet similaire à condition qu'elle soit bien sèche.

1. Le malt dans la bière attire les limaces qui viennent s'y noyer.

2. Les coquilles d'œufs écrasées sont très coupantes sur la chair des limaces.

3. L'acidité que contient la cendre de bois de foyer éloigne les limaces.

## Des recettes spéciales

- Vaporisez les limaces avec une solution composée d'une partie d'eau et d'une partie de vinaigre. Cette solution n'affectera pas vos plantes, mais atteindra les limaces qui mourront.

- Mélangez quatre oignons hachés et quatre gousses d'ail hachées à 3,78 litres (1 gallon) d'eau. Gardez cette solution hermétiquement fermée durant dix jours. Filtrez ce mélange et ajoutez trois parties d'eau. Vaporisez-en vos hostas. Répétez tous les 15 jours. Évidemment vous devrez recommencer après la pluie. Mais cela devrait vous aider à contrôler la population de limaces.

## La terre diatomée

La terre diatomée est une fine poudre de silice qui agit sur le corps des limaces comme des morceaux de verre brisés sur lesquels elles vont se dessécher. Saupoudrez-en autour du plant et les limaces s'en éloigneront. Prenez soin de bien vous protéger lorsque vous appliquez cette terre, car elle peut affecter la respiration. Assurez-vous également d'en répandre partout où des feuilles touchent le sol. Si celui-ci est trop humide, répétez plus souvent. Le sable filtrant pour les piscines fera le même effet. Le seul défaut de la terre diatomée est qu'elle n'est pas très attrayante.

NOTE : On trouve plusieurs grosseurs de grains de terre diatomée. Celle qui est constituée d'une fine poudre a tendance à coller et à former une couche épaisse qui ne repousse pas les limaces. En revanche un grain de silice trop gros — disons comparable à un grain de gros sel — permettra aux limaces de ramper dessus. Il faut donc choisir un grain de moyenne grosseur, c'est-à-dire d'une grosseur qui s'apparente au sel de table.

La terre diatomée est remplie de particules de silice qui sont également très coupantes pour les limaces.

### Le verre recyclé éclaté

Depuis l'instauration de nouvelles lois qui protègent l'environnement, la terre diatomée ne se trouve plus aisément. J'ai découvert dans un commerce de pièces d'autos du verre recyclé éclaté dont on se sert pour sabler les carrosseries d'automobiles. Ces éclats de verre font exactement le même effet que la terre diatomée. De plus, ils ont l'avantage d'être vert pâle, donc plus décoratifs. Assurez-vous de vous procurer du verre éclaté et non des petites billes de verre.

NOTE : Comme pour la terre diatomée, il faut choisir un grain d'une moyenne grosseur pour le verre éclaté.

1. Le verre recyclé remplace efficacement la terre diatomée.

2. La cueillette à la main le soir est encore la meilleure façon d'éliminer un grand nombre de limaces.

## Les solutions manuelles et biologiques

### La cueillette à la main le soir

La meilleure méthode pour éliminer les limaces demeure la cueillette à la main. Évidemment ce sera moins désagréable si vous portez des gants. Le soir, lorsque le soleil est couché et qu'il fait nuit, faites une tournée dans le jardin avec une lampe de poche. Recueillez les limaces qui se promènent sur les feuilles et plongez-les dans un grand bocal rempli d'eau savonneuse. Vous ne recueillerez sans doute que celles qui sont bien visibles, mais ce sera suffisant pour au moins restreindre leur population.

Un pot de terre cuite est un excellent piège pour attraper plusieurs limaces.

### Deux autres pièges de jardinier

• Déposez la moitié d'un pamplemousse ou d'une orange dans le jardin en matinée et enlevez les limaces qui y sont réfugiées à la fin de la journée. L'odeur sucrée et humide des agrumes attire les limaces qui viennent s'y réfugier le jour, à l'abri des températures chaudes.

• Un contenant ou un pot en terre cuite placé à l'envers sur le sol est un refuge qu'affectionnent les limaces ; vous n'aurez plus qu'à les recueillir à la fin de la journée.

### L'ammoniaque

Préparez une solution avec une partie d'ammoniaque (eau de javel*) pour quatre parties d'eau mélangée à un peu de savon liquide. Lorsque vous ferez la chasse aux limaces le soir, vous n'aurez qu'à les asperger de cette solution et le tour sera joué. Évidemment vous n'atteindrez que celles qui seront visibles.

Vous pouvez également vaporiser votre plante ainsi que son environnement immédiat toutes les trois semaines. Il semble que cette recette élimine la majorité des limaces.

### La barrière de cuivre

Installez autour de vos plants de hostas une bande de cuivre d'environ 13 cm (5 po). Celle-ci doit être placée à la verticale, un de ses côtés sorti de terre d'une longueur d'au moins 7,5 cm (3 po). Les limaces qui entrent en con-tact avec la bande de cuivre reçoivent un genre de choc électrique qui les paralyse. Prenez soin d'enlever ensuite les limaces emprisonnées à l'intérieur de cette barrière. Toutefois, cette méthode plus dispendieuse ne donne pas une belle apparence à vos plates-bandes.

---

\* Si vous utilisez l'eau de javel La Parisienne®, la proportion sera de une partie d'ammoniaque pour 16 parties d'eau.

### Les moyens plus ou moins chimiques

Il existe sur le marché des produits appelés «Appâts à limaces» qui semblent fonctionner. Avant de les utiliser, assurez-vous qu'ils ne sont pas toxiques si vous avez de petits animaux.

Évidemment si vous n'arrivez pas à éliminer les limaces de votre jardin, vous pouvez toujours utiliser l'arme atomique. Celle-ci est principalement constituée de métaldéhyde en liquide, en granules ou en grains. En ingurgitant ce produit, la limace s'immobilise et libère une certaine quantité de mucus. Sa mort survient par déshydratation. Ce composé doit être utilisé à des températures précises, il faut donc lire soigneusement l'étiquette et suivre les recommandations. On trouve aussi sur le marché une formule à base de phosphate de fer en grains.

Tous ces produits chimiques doivent être utilisés avec précaution, car ils peuvent être très nocifs pour les humains, les animaux ou l'environnement.

### Une solution encore plus efficace

Si toutes les méthodes énumérées plus haut ne vous intéressent pas, vous pouvez certainement cultiver les hostas quand même. Les limaces adorent les feuilles de hostas parce que la plupart de celles-ci sont minces et tendres sous leurs dents fines et gourmandes. Cependant certains cultivars de hostas sont réputés pour résister aux limaces. Tous les hostas à feuilles épaisses et caoutchoutées sont à l'épreuve des limaces.

Les produits antilimaces
vendus dans le commerce
sont souvent très efficaces.

## Les autres ennemis des hostas

Les hostas se cultivent facilement et poussent pratiquement sans problème. Malheureusement, ils ont aussi quelques ennemis dont on doit tenir compte.

### Les chevreuils

Les chevreuils apprécient les feuilles des hostas dont ils ne laissent que les tiges. Il n'y a pas grand-chose à faire si vous en avez près de chez vous. Vous pouvez utiliser une solution d'ammoniaque telle que je l'ai décrite plus haut. Il semble que les chevreuils n'aiment pas cette odeur. On dit que des bandelettes de tissus imbibées de parfum et placées ici et là dans le jardin chassent ces magnifiques bêtes. On croit que cette odeur leur rappelle les humains. Une barre de savon glissée dans un bas de nylon et placée près des plantes estimées des chevreuils semble avoir un effet identique.

Certains jardiniers utilisent une préparation faite avec un œuf battu dans un ou deux litres d'eau dont ils aspergent le feuillage pour éloigner les chevreuils.

Un chien leur fera peur aussi. Mais une bonne clôture de 3-4 m (10-12 pi) est la meilleure solution, bien qu'elle soit assez coûteuse. Évitez cependant de vous faire une belle haie de cèdre (thuyas) si elle n'est pas protégée. Les chevreuils adorent aussi les conifères.

1. Les chevreuils raffolent des feuilles de hostas.
2. Ils ne laissent souvent que quelques tiges de feuilles.

Les sauterelles vertes
s'attaquent elles aussi
aux feuilles de hostas.

### Les lapins, les lièvres, les mulots et les taupes

Il arrive que les lapins et les lièvres mangent des feuilles de hostas. Des pièges pourront mettre fin à leur gourmandise et ralentir leurs visites. Les mulots et les taupes affamés seront chassés de la même manière.

### Les escargots

Les techniques utilisées pour éloigner ou éliminer les limaces s'appliquent aussi aux escargots.

### Les sauterelles, les vers blancs, et autres bestioles

Les sauterelles, plus particulièrement les sauterelles vertes qui travaillent la nuit, font souvent des ravages sur les feuilles des hostas. Ces trouées inesthétiques sont faciles à distinguer de celles que font les limaces : aucune trace de mucus n'apparaît sur la surface abîmée.

Si vous craignez que vos petits hostas ne deviennent le festin des vers blancs, vous pouvez placer un verre en *styromousse* autour du collet de la plante. De cette façon vous pouvez les empêcher de couper vos tiges plus faibles. Les mouches blanches, les pucerons et les fourmis laissent aussi des traces de leur passage, mais leurs dégâts sont mineurs.

Il arrive que des nématodes s'attaquent aussi aux racines ou aux feuilles.

### Les maladies

Parmi les rares maladies qui affectent les hostas, je me contenterai de mentionner la pourriture de la couronne, certains virus et quelques brûlures fongiques. Dans ces cas, il faut détruire la plante.

### Un autre ennemi naturel : le soleil

Les jardiniers amateurs feraient bien d'accorder une attention particulière aux problèmes causés par les éléments, principalement le soleil et les écarts de température.

1. Un hosta qui souffre d'un excès d'ensoleillement vous fera signe.
2. Feuilles brûlées par le soleil.
3. Ces dommages superficiels n'affectent que l'esthétique de la plante.

Plusieurs variétés de hostas ne tolèrent pas les effets d'un soleil trop ardent et leurs feuilles jaunissent. En revanche, un certain nombre de cultivars le supportent sans dommage.

### La dormance

La dormance est un autre effet d'un surcroît de soleil. Un hosta qui doit supporter une température élevée pendant une longue période ralentit sa croissance et entre en dormance. Dès que la température baisse, il se remet à croître. Il faut aussi tenir compte des gènes des espèces. Ex. Les H. *montana*s sortent tard au printemps.

### La sécheresse

Le soleil des étés caniculaires est un autre ennemi des hostas. En période de sécheresse, il faut arroser les hostas.

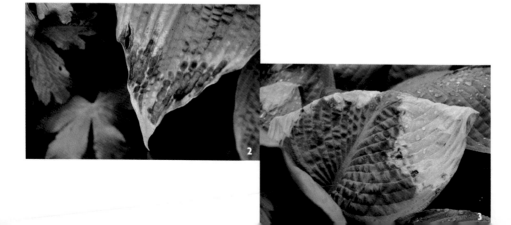

### La grêle

Une ondée de grêlons peut massacrer vos hostas. En général ces dégâts ne touchent que l'apparence de la plante, il suffit alors d'enlever les feuilles brisées.

### Le gel

Les trous inégaux qui apparaissent sur les feuilles sont souvent dus au gel qui a sévi durant la nuit.

### Le gel et le dégel

Si votre hosta ne sort pas de terre au printemps, il se pourrait qu'il n'ait pas supporté les périodes de gel et de dégel durant l'hiver, surtout si les chutes de neige ont été rares et peu abondantes.

1. Une seule petite ondée de grêlons endommagera vos feuilles de hostas.
2. Les parties brunes que l'on voit sur ces feuilles sont de traces laissées par le gel.

Aujourd'hui dans les centres jardins nous avons le choix de nombreux cultivars de hostas.

Voici une liste de plusieurs cultivars qui pourront vous satisfaire. Il y en a pour tous les goûts, des gros, des petits, des bleus, des verts, des jaunes, des panachés. À vous de choisir.

'Abiqua Blue Crinkles'
'Abiqua Drinking Gourd'
'Abiqua Moonbeam'
'Black Hills'
'Blue Angel'
'Blue Arrow'
'Blue Moon'
'Blue Shadow'
'Blue Umbrellas'
'Blue Wedgewood'
'Bressingham Blue'
'Carnival'
'Daybreak'
'Fragrant Bouquet'
'Frances Williams'
'Hadspen Blue'
'Halcyon'
'Inniswood'
'June'
'Krossa Regal'
'Lady Isobel Barnett'
'Leather Sheen'
'Love Pat'
'Loyalist'
'Lunor Orbit'

'Metallic Sheen'
'Midwest Magic'
'Mildred Seaver'
'Moonlight Sonata'
'Nigrescens'
'Northern Exposure'
'Olive Bailey Langdon'
'Pacific Blue Edger'
'Pizzazz'
'Regal Splendor'
'Revolution'
'Sagae'
sieboldiana 'Elegans'
'Samurai'
'Spilt Milk'
'Sum and Substance'
'Sum it up'
'Titanic'
tokudama 'Aureonebulosa'
tokudama 'Flavocircinalis'
'Twilight'
ventricosa 'Aureomarginata'
'White Triumphator'
'Whirlwind'
'Zounds'

Voici une liste assez complète des hostas pouvant tolérer le soleil. En examinant la description des hostas au chapitre 4, vous aurez un meilleur aperçu des performances de chaque cultivar.

Vous voulez de la couleur avec vos hostas ? Allez-y avec des annuelles.

| | |
|---|---|
| H. 'Abba Dabba Do' | H. plantaginea |
| H. 'Fragrant Bouquet' | H. plantaginea 'Aphrodite' |
| H. 'Francee' | H. plantaginea 'Ming Treasure' |
| H. 'Ginko Craig' | H. 'Royal Standard' |
| H. 'Gold Drop' | H. 'So Sweet' |
| H. 'Gold Edger' | H. 'Sugar and Cream' |
| H. 'Honeybells' | H. 'Sum and Substance' |
| H. 'Invincible' | H. 'Sun Power' |
| H. 'Lemon Lime' | H. 'Sweet Standard' |

# COMMENT CRÉER
# DES HOSTAS

3

# PROPAGATION ET HYBRIDATION

**M**ême si les hostas ne nécessitent aucune division, il est possible que vous vouliez « cloner » un hosta afin d'offrir son double à un ami ou à un proche. Le mieux est de diviser le plant au printemps ou à l'automne. La façon la plus simple est de déterrer une partie du hosta, puis, à l'aide d'une pelle ou d'une fourche, d'en retirer une pointe. Vous n'aurez plus qu'à replacer le plant en l'entourant de terre ou de compost et le tour sera joué.

Une autre méthode consiste à déterrer le plant et à l'arroser afin d'enlever toute trace de terre sur les racines, puis de défaire celles-ci, qui sont généralement entremêlées à la manière de spaghetti. Replantez ensuite vos morceaux de plants en terre avec du compost et arrosez abondamment jusqu'à ce que de nouvelles pousses apparaissent.

1. La division demeure la meilleure façon de multiplier parfaitement une plante.
2. Des graines de semences tombées au sol produiront de nouveaux petits plants.
3. *H.* 'Fan Dance' a produit tout à coup une feuille différente des autres.

Les personnes plus expérimentées utilisent la méthode *in vitro* qui consiste à cultiver les tissus. Il s'agit de détacher un morceau de feuille ou de tige de la plante pour la déposer dans une solution chimique contenant des hormones dans un contenant stérilisé. Cette méthode permet de reproduire en grande quantité les mêmes caractéristiques d'une plante. Pour qu'elle fonctionne parfaitement et donne d'excellents résultats, il faut utiliser une plante mature prête pour la reproduction. En utilisant un plant instable, donc non mature, la reproduction adoptera les mêmes caractéristiques d'instabilité et créera d'autres plants instables. Les plants que vous obtiendrez ainsi ne ressembleront pas à ceux que vous désirez.

Évidemment d'autres techniques existent pour reproduire des plants. Par exemple, vous pouvez utiliser les graines de semence que vous aurez recueillies de vos plants après leur floraison.

Comme vous n'avez aucun contrôle sur le pollénisateur, le plant que vous obtiendrez sera une surprise! La très grande majorité des plants provenant de semences sont verts. Mais après quelques années de croissance, la couleur peut se modifier et si vous obteniez un résultat très différent de ce que vous avez déjà vu, vous pourriez penser à enregistrer ce nouveau cultivar.

# COMMENT CRÉER DE NOUVEAUX CULTIVARS

Vous remarquerez dans la description d'un nouveau cultivar que les mots «sport» ou «mutation» apparaissent fréquemment. Cela veut dire qu'un plant a produit une nouvelle pousse d'une couleur ou d'une forme qui diffère du plant mère. Vous devez isoler cette nouvelle pousse. Si celle-ci se reproduit à son tour et produit une plante ayant ses propres caractéristiques et qui est identique à elle-même, vous avez créé un nouveau cultivar. Il est bon de connaître les antécédents d'une plante, car ce seront eux qui vous indiqueront les capacités reproductrices de ses gênes.

Vous pouvez aussi forcer la nature à vous donner des résultats que vous désirez, c'est ce que l'on appelle faire de l'hybridation. Il s'agit de prélever le pollen d'une fleur pour le déposer sur le pistil d'une autre fleur. Vous

1. Lors de ma visite chez Van Wade, j'ai découvert avec lui un nouvel hosta qui sera enregistré sous le nom de *H.* 'Montreal Blue Icestorm'.

2. Voici un exemple d'une nouvelle tendance : des feuilles à l'apparence délavée.

3. Il suffit de saisir le pistil d'une fleur...

4. ... et de le presser sur les étamines pour féconder une autre fleur.

n'avez plus qu'à attendre les résultats. Cette opération se fait tout naturellement dans la nature. Lorsque les semences tombent et pénètrent dans le
sol, il y a germination et de nouveaux plants sortent de terre. Si vous laissez ces petites pousses devenir matures, vous verrez apparaître de nouveaux
hostas. Ceux-ci ressembleront généralement aux cultivars environnants. Mais
à l'occasion, vous pourrez avoir des surprises et apercevoir un plant qui diffère des autres. Cela vaudra la peine de vous y intéresser.

En analysant les caractéristiques du plant donneur et celles du plant receveur,
vous pouvez obtenir le meilleur mélange des deux. Évidemment toutes
sortes de précautions sont nécessaires pour éviter les mauvaises surprises
causées par des insectes pollénisateurs.

Comme vous aurez plusieurs graines de semence, vous pourrez les mettre
en terre et surveiller leur évolution. Après quelques années de reproduction, si votre nouveau plant vous satisfait et ne ressemble en rien à ce qu'il
y a sur le marché, vous serez sans doute tenté d'enregistrer votre création,
votre nouveau « bébé ». Je n'entrerai pas plus en détail sur le sujet, les hybrideurs de hostas étant assez rares parmi les amateurs.

Vous pouvez obtenir toutes les formules d'enregistrement en vous adressant à l'American Hosta Society qui détient les registres des hostas. Ces informations sont également disponibles sur Internet à l'adresse http://www.hosta.org. Vous pouvez également vous adresser à la Société québécoise des hostas et des hémérocalles.

Souvenez-vous que la meilleure manière d'obtenir une copie parfaite du cultivar que vous recherchez sera de diviser un hosta déjà existant.

1. Recueillez les graines de semence lorsqu'elles seront mûres.

2. Vous aurez alors de nouveaux plants qui auront peut-être les caractéristiques que vous recherchez.

3. On parvient maintenant assez facilement à obtenir des pétioles rouges. Il y aura bientôt sur le marché des hostas dont les veines des feuilles sont de la même couleur.

4. Nous retrouverons bientôt plusieurs nouveautés à feuilles délavées, tel H. 'Spilt Milk'.

# L'AVENIR DES HOSTAS

Que peut-on encore inventer pour agrandir l'univers des hostas ? Il en existe déjà des bleus, des verts, des panachés, des variétés à fleurs odorantes, d'autres qui tolèrent le soleil.

Les hybrideurs travaillent actuellement à créer des cultivars de hostas extrêmement petits. On peut déjà se procurer quelques cultivars de ce type. D'autres recherches se portent sur la création de plants dont le pétiole de la feuille est rouge bourgogne ou blanc. On pourrait même obtenir des veines de feuilles rougeâtres et des tiges florales roses, blanches ou noires.

Voici une liste de cultivars qui ont ces caractéristiques :

| | | |
|---|---|---|
| H. 'Betsy King' | H. 'Hadspen Samphire' | H. 'Raspberry Sorbet' |
| H. 'Black Foot' | H. 'Hirao Majesty' | H. 'Red October' |
| H. 'Bold Ribbons' | H. 'Invincible' | H. 'Red Sox' |
| H. capitata | H. 'Joseph' | H. 'Red Wings' |
| H. 'Cherry Berry' | H. 'Josephine' | H. 'Regal Rhubarb' |
| H. 'Cinnamon Sticks' | H. 'Little Black Scapes' | H. 'Sea Fire' |
| H. 'Crested Surf' | H. longipes urajiro | H. 'Sea Octopus' |
| H. 'Curly' | hachuno | H. 'Sea Sunrise' |
| H. 'Don Quixote' | H. 'Marashino Cherry' | H. 'Sparkling Burgundy' |
| H. 'Don Stevens' | H. 'Peedee Gold Flash' | H. 'Tentacles' |
| H. 'Fall Bouquet' | H. 'Purple Passion' | H. 'Torch Light' |
| H. 'Fourth of July' | H. pycnophylla | H. 'Yellow Waves' |
| H. 'Geisha' | H. 'Queen Josephine' | |

Les hybrideurs travaillent également à créer des feuilles dont les couleurs ne sont pas pures (streaked). On peut se procurer assez facilement *Hosta* 'Spilt Milk', par exemple.

# DES HOSTAS POUR TOUS LES GOÛTS

4

# CLASSIFICATION DES HOSTAS
## Comment s'y retrouver

À l'instar de toutes les plantes, les hostas ont fait l'objet d'une classification botanique des espèces et des variétés ou cultivars. Dans ce chapitre qui comprend la description complète de plus de 200 hostas, je me suis servi d'un mode de présentation unique qui respecte la classification officielle et tient compte de toutes les caractéristiques de la plante.

| A | *H.* 'Abba Dabba Do' |
|---|---|

Enregistré par Tony Avent, en Caroline du Nord, en 1998
Classification : II-5B

**PLANT**
178 cm (70 po) de diamètre • 61 cm (24 po) de hauteur
En forme de dôme érigé

**FEUILLE**
30,5 cm (12 po) de longueur • 15,2 cm (6 po) de largeur
De forme élancée, presque ovale, elle est légèrement ondulée. Plutôt épaisse et très pointue, elle est marquée de veines proéminentes. Entièrement verte lorsqu'elle émerge du sol, elle laisse apparaître rapidement une marge jaune doré. Cette marge irrégulière, qui s'oriente vers le centre de la feuille, s'élargit au cours de sa croissance.

**FLEUR**
De forme tubulaire, elle pousse sur une tige florale de 89 cm (35 po), elle est de couleur lavande pâle et s'épanouit en juillet.

**COMMENTAIRES**
Ce hosta, un sport de *H.* 'Sun Power', préfère le soleil et offre une bonne résistance aux limaces. Sa croissance est moyenne. Dans un aménagement, il aime la compagnie de *H.* 'Sun Power'. Magnifique spécimen à planter en arrière-plan, il est très impressionnant. Un plant jeune n'aura pratiquement pas de bordure, il faut attendre quelques mois avant de voir apparaître cette marge.

82

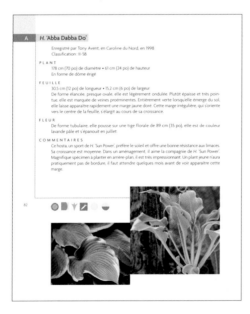

Classe 4B : Marginé blanc
(centre vert ou bleu)
(*H.* 'Leading Lady')

Sur chacune des pages qui suivent, le premier mot de la première ligne indique le terme générique de la plante dans sa forme abrégée. Ex. : *H.* qui désigne le genre *Hosta*. Vient ensuite le terme qui identifie le genre propre à plusieurs espèces croissant dans les pays asiatiques. Ce terme – parfois il compte plusieurs mots –, est toujours écrit en italiques et en lettres minuscules. Ex. : *H. montana.* En général les espèces ne sont pas enregistrées, mais elles sont reconnues par l'American Hosta Society, association qui tient le registre de tous les hostas qui lui sont soumis. Suit le nom du cultivar, qui est écrit en romain et mis entre guillemets simples. Ex. : *H. montana* 'Aureomarginata'.

Sur la deuxième ligne apparaît le nom de la personne qui a enregistré le cultivar et, dans la mesure où je disposais de cette information, l'endroit où le hosta a été cultivé ainsi que la date d'enregistrement. Ex. : Enregistré par Paul Aden, à New York, en 1987.

George W. Schmid, le responsable du comité de nomenclature des hostas, a donné à tous les cultivars leur code de grosseur et de couleur. C'est celui-ci qui apparaît à la troisième ligne de la fiche, à la rubrique « Classification ». Le premier chiffre romain indique la section et fait référence à la grosseur de la plante tandis que le deuxième chiffre arabe, parfois suivi d'une lettre, indique la classe et fait référence à la couleur du feuillage.

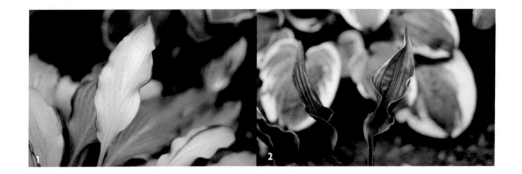

Après les trois premières lignes suivent les caractéristiques de la plante, c'est-à-dire les diverses indications concernant sa dimension, sa forme et ses autres signes distinctifs. En ce qui a trait aux dimensions du plant, les mesures mentionnées, tant en centimètres qu'en pouces, sont généralement les mesures que l'hybrideur a indiquées lors de sa demande d'enregistrement. Elles peuvent avoir été modifiées selon les expériences et les différents climats qui ont pu influencer la croissance des plants.

1. Feuille élancée
2. Feuille tordue
3. En forme de cœur
4. Feuille luisante
5. Feuille rugueuse

En ce qui concerne les fleurs, les périodes de floraison indiquées sont approximatives, les variations de température pouvant les influencer. Les tiges florales sont mesurées de façon à indiquer que les fleurs sont plus hautes que le plant. Il me paraît utile de mentionner que les dimensions et les couleurs d'un hosta peuvent varier d'un jardin à un autre, peuvent être influencées par le sol dans lequel il est planté, par l'ensoleillement et l'arrosage, ainsi que par son âge. Toutes les mesures indiquées, de même que les couleurs et les dates de floraison correspondent à un plant mature, âgé de trois ans et plus.

1. *H.* 'Blue Angel' est un hosta de type géant.

2. *H.* 'Northern Halo' est considéré comme un gros hosta.

3. *H.* 'Night Before Christmas' est considéré comme un hosta moyen.

4. *H.* 'June' est considéré comme un petit hosta.

La rubrique «Commentaires» présente le point de vue des usagers et des producteurs. Dans plusieurs cas, ils contiennent aussi mes propres observations. Je fournis des explications pertinentes à une région, tenant compte de la popularité de quelques cultivars auprès des jardiniers. Dans la mesure du possible, j'indique le rythme de croissance du hosta, apportant des précisions lorsque la croissance est rapide, moyenne ou lente, et je précise la capacité de la plante à résister aux limaces. J'y indique aussi mes coups de cœur.

1. *H.* 'Masquerade' est considéré comme un hosta miniature.

2. *H.* 'Thumb Nail' est considéré comme un hosta nain.

3. Classe 1: Vert (toutes teintes) (*H.* 'Hirao Majesty')

4. Classe 2: Bleu (toutes teintes) (*H.* 'Abiqua Drinking Gourd')

5. Classe 3: Jaune (toutes teintes) (*H.* 'Solar Flare')

1. Classe 4A : Marginé blanc (centre jaune ou chartreuse) (*H.* 'St-Elmo's Fire')

2. Classe 5A : Marginé jaune (centre blanc, jaune ou chartreuse) (*H.* 'Lakeside Symphony')

3. Classe 5B : Marginé jaune (centre vert ou bleu) (*H.* 'Radiant Edger')

4. Classe 6A : Marginé vert ou bleu (centre blanc) (*H.* 'Island Charm')

Parmi les centaines d'espèces et de cultivars, j'ai sélectionné des hostas qui sont pour la plupart très accessibles. Je me suis permis d'y ajouter quelques cultivars plus rares, mais que l'on peut aisément se procurer par la poste. Et j'ai évidemment décrit quelques cultivars plus nouveaux qui feront l'envie des amateurs.

Pour vous aider à repérer rapidement certaines indications, je les ai associées à des pictogrammes représentés à la page suivante.

5. Classe 6B : Marginé vert ou bleu (centre jaune) (*H.* 'Peedee Gold Flash')

6. Classe 7 : Rayés, striés, tachetés ou marbrés (*H.* 'Spilt Milk')

COULEUR  ODORANTE

SECTION I : Géant

Préfère l'ombre

Fleur blanche

SECTION II : Gros

Tolère l'ensoleillement

Fleur lavande

SECTION III : Moyen

Préfère le soleil

Fleur pourpre

SECTION IV : Petit

Tolère la sécheresse

Fleur violette

SECTION V : Miniature

Résistant aux limaces

SECTION VI : Nain

CLASSE 1 : Vert (toutes teintes)

Mon coup de cœur

CLASSE 2 : Bleu (toutes teintes)

CLASSE 3 : Jaune (toutes teintes)

CLASSE 4A : Marginé blanc (centre jaune ou chartreuse)

CLASSE 4B : Marginé blanc (centre vert ou bleu)

CLASSE 5A : Marginé jaune (centre blanc, jaune ou chartreuse)

CLASSE 5B : Marginé jaune (centre vert ou bleu)

CLASSE 6A : Marginé vert ou bleu (centre blanc)

CLASSE 6B : Marginé vert ou bleu (centre jaune)

CLASSE 7 : Rayés, striés, tachetés ou marbrés

CLASSE 8 : Tous les autres avec variance de couleurs

Classe 8 : Tous les autres avec variances de couleurs (*H.* 'Sharmon')

Enfin, j'ai employé dans les textes descriptifs quelques mots connus des spécialistes dont voici la signification.

**Albascence :** Le feuillage de la plante est de couleur jaune assez foncé ou vert pâle et devient plus pâle, même blanchâtre au cours de la saison. Dans certains cas comme *H.* 'Janet', c'est la marge qui devient plus blanche en fin de saison.

**Florifère :** Ce terme signifie que la plante produit beaucoup de fleurs.

**Lutescence :** Le feuillage de la plante est vert pâle ou chartreuse lorsque la plante sort de terre et devient jaune au cours de la saison. Cette particularité est plus difficile à discerner, car l'exposition au soleil peut avoir un effet semblable.

**Maturité des feuilles :** Il faut se rappeler que certains cultivars ont deux types de feuilles, les feuilles juvéniles et les feuilles matures. Toutes deux adoptent une forme qui varie selon leur âge. Le nombre de veines variera également selon que la plante est jeune ou plus âgée.

**Maturité des plants :** Un plant de hosta est considéré comme mature après quatre à cinq années de croissance au même endroit.

**Viridescence :** Le feuillage de la plante est de couleur jaunâtre, blanchâtre ou vert pâle au début de la saison et devient de plus en plus vert au cours de la saison. Il y a différents degrés de viridescence : par exemple, *H.* 'Chinese Sunrise' présentera seulement quelques taches vertes sur ses feuilles tandis que *H.* 'Fortunei Albopicta' ou *H.* 'Sharmon' seront entièrement verts en fin de saison.

# *H.* 'Abba Dabba Do'

Enregistré par Tony Avent, en Caroline du Nord, en 1998
Classification : II-5B

**PLANT**

178 cm (70 po) de diamètre • 61 cm (24 po) de hauteur
En forme de dôme érigé

**FEUILLE**

30,5 cm (12 po) de longueur • 15,2 cm (6 po) de largeur
De forme élancée, presque ovale, elle est légèrement ondulée. Plutôt épaisse et très pointue, elle est marquée de veines proéminentes. Entièrement verte lorsqu'elle émerge du sol,
elle laisse apparaître rapidement une marge jaune doré. Cette marge irrégulière, qui s'oriente
vers le centre de la feuille, s'élargit au cours de sa croissance.

**FLEUR**

De forme tubulaire, elle pousse sur une tige florale de 89 cm (35 po), elle est de couleur
lavande pâle et s'épanouit en juillet.

**COMMENTAIRES**

Ce hosta, un sport de *H.* 'Sun Power', préfère le soleil et offre une bonne résistance aux limaces.
Sa croissance est moyenne. Dans un aménagement, il aime la compagnie de *H.* 'Sun Power'.
Magnifique spécimen à planter en arrière-plan, il est très impressionnant. Un plant jeune n'aura
pratiquement pas de bordure, il faut attendre quelques mois avant de voir apparaître cette
marge.

## H. 'Abby'

Enregistré par Peter Ruh, en Ohio, en 1990
Classification : IV-5B

**PLANT**

42 cm (16 $^1/_2$ po) de diamètre • 16,5 cm (6 $^1/_2$ po) de hauteur
En forme de dôme dense et compact

**FEUILLE**

10,2 cm (4 po) de longueur • 7 cm (2 $^3/_4$ po ) de largeur
En forme de cœur et légèrement ondulée, son centre est vert foncé et sa marge irrégulière
est jaune chartreuse et orientée vers son centre.

**FLEUR**

De forme tubulaire, elle pousse sur une tige florale de 43,2 cm (17 po), elle est de couleur
lavande et fleurit en juillet. C'est une plante florifère.

**COMMENTAIRES**

Ce hosta est une mutation de H. 'Gold Drop'. En forme de petit dôme bas, c'est un excellent
sujet à planter en bordure. Il pousse rapidement et se multiplie bien. Il tolère le soleil.

83

## H. 'Abiqua Drinking Gourd'

Enregistré par Walden-West, en Oregon, en 1989
Classification : III-2

### PLANT

35,6 cm (14 po) de diamètre • 40,6 cm (16 po) de hauteur
En forme de dôme évasé

### FEUILLE

19 cm (7 ¹/₂ po) de longueur • 21 cm (8 ¹/₄ po) de largeur
Elle est ronde, très allongée, très épaisse et très rugueuse. Elle a la forme d'une soucoupe très profonde, jusqu'à 10,2 cm (4 po). Elle est bleu vert foncé et sa nervure centrale est encore plus foncée.

### FLEUR

En forme de clochette, elle pousse sur une tige florale de 55,9 cm (22 po), elle est de couleur blanche et fleurit en juillet.

### COMMENTAIRES

Ce hosta est un croisement entre H. 'Tokudama' et H. sieboldiana. À ma connaissance, la feuille de 'Abiqua Drinking Gourd', en forme de soucoupe, est celle dont la profondeur est la plus prononcée. Ce plant est lent à s'établir, mais parvenu à maturité, il est remarquable. Il est à son meilleur à l'ombre. Les limaces n'apprécient pas sa texture et son épaisseur. Chaque feuille ressemble à un entonnoir, signe distinctif qui lui a donné son nom. Cette feuille retiendra la rosée du matin ou encore l'eau après une pluie.

## *H.* 'Abiqua Moonbeam'

Enregistré par Walden-West, en Oregon, en 1987
Classification : III-5B

**PLANT**

81,3 cm (32 po) de diamètre • 61 cm (24 po) de hauteur
En forme de dôme dense

**FEUILLE**

17,8 cm (7 po) de longueur • 16,5 cm (6 ½ po) de largeur
Plutôt épaisse, elle est très arrondie et sa marge apparaît légèrement froissée. Elle est bleu vert et sa large marge irrégulière est vert lime, presque chartreuse. Souvent elle sera même presque dorée et sera plus éclatante au soleil.

**FLEUR**

En forme de clochette, elle pousse sur une tige florale de 61 cm (24 po), elle est lavande pâle et éclôt à la mi-juillet.

**COMMENTAIRES**

Ce hosta est une mutation de *H.* 'August Moon'. Sa croissance est moyenne. et il peut tolérer l'ensoleillement. Il est très robuste. Grâce à l'épaisseur de sa feuille, il résiste efficacement aux limaces. C'est un magnifique spécimen.

## *H.* 'Abiqua Recluse'

Enregistré par Walden-West, en Oregon, en 1989
Classification : II-3

### PLANT

76,2 cm (30 po) de diamètre • 45,7 cm (18 po) de hauteur
En forme de dôme érigé dense

### FEUILLE

30,5 cm (12 po) de longueur • 20,3 cm (8 po) de largeur
Ovale, presque en forme de cœur et légèrement allongée, elle a un reflet luisant sur sa surface. Épaisse et rugueuse, elle a des veines très prononcées. Elle est de couleur jaune lime et deviendra plus dorée à la fin de l'été.

### FLEUR

En forme de clochette, elle pousse sur une tige florale de 81,3 cm (32 po), elle est de couleur violette pâle et s'épanouit de juillet à la mi-août.

### COMMENTAIRES

Ce hosta est un hybride de *H.* 'White Vision' et de *H.* 'Sum and Substance'. C'est un plant vigoureux qui devient plus jaune au soleil. C'est d'ailleurs au soleil du matin qu'il sera le plus resplendissant. Dans un aménagement, il illuminera les parties plus sombres. Il offre une bonne résistance aux limaces et sa croissance est rapide.

## *H.* 'Allan P. McConnell'

Enregistré par Mildred Seaver, au Massachusetts, en 1980
Classification : IV-4B

**PLANT**

45,7 cm (18 po) de diamètre • 20,3 cm (8 po) de hauteur
En forme de dôme compact

**FEUILLE**

7,6 cm (3 po) de longueur • 5,1 cm (2 po) de largeur
Ovale (en forme de lance) mais longue et étroite, elle est vert foncé mat et sa marge légère
et très irrégulière est blanche.

**FLEUR**

En forme de clochette, elle pousse sur une tige florale de 30,5 cm (12 po), elle est de couleur
pourpre et s'ouvre de la mi-juillet à la mi-août.

**COMMENTAIRES**

Hybride de *H. nakiana*, ce hosta pousse rapidement et peut tolérer une période de sécheresse. Il aime le plein soleil. Excellent spécimen dans les rocailles et les jardins alpins, il convient également aux bordures, s'adapte bien aux contenants et aux petits jardins. Il gardera
son apparence durant toute la saison.

87

## *H.* 'Antioch'

Enregistré par Peter Ruh et Paul Hofer, en Ohio, en 1979
Classification : III-4B

### PLANT

66 cm (26 po) de diamètre • 45,7 cm (18 po) de hauteur
En forme de dôme dense

### FEUILLE

25,4 cm (10 po) de longueur • 11,4 cm (4 ½ po) de largeur
Plutôt large, arquée vers le sol, elle est marquée d'une légère ondulation lui donnant l'air de
flotter dans l'air. Elle est vert pâle, en forme de cœur. La feuille montre une légère marge
jaune très irrégulière qui devient blanche et rend chaque feuille unique.

### FLEUR

En forme d'entonnoir, elle pousse sur une tige florale de 66 cm (26 po), elle est lavande pâle
et s'épanouit en juillet.

### COMMENTAIRES

Ce hosta est une mutation de *H.* 'Fortunei' et croît assez rapidement. De bonne taille, il peut
servir d'arrière-plan ou être planté seul. Il est très frappant dans un grand pot et il est considéré comme un des plus beaux hostas marginés blancs.

88

## *H.* 'Aoki'

Enregistré par Siebold/Bailey/AHS en 1987
Classification : III-1

**PLANT**

122 cm (48 po) de diamètre • 61 cm (24 po) de hauteur
En forme de dôme

**FEUILLE**

25,4 cm (10 po) de longueur • 17,8 cm (7 po) de largeur
Ovale, presque ronde, elle sera recroquevillée sur elle-même lorsqu'elle sera parvenue à maturité. Ses veines sont proéminentes. Elle est vert foncé sur le dessus et de couleur argentée en dessous et marquée d'une très fine marge blanche sur le côté.

**FLEUR**

En forme de clochette, elle pousse sur une tige florale de 101,6 cm (40 po), elle est lavande très pâle, presque rosée, et s'ouvre en août. Ce hosta est florifère, c'est-à-dire qu'il donne beaucoup de fleurs.

**COMMENTAIRES**

Ce hosta est considéré comme un clone du hosta 'Fortunei Hyacinthina'. Il aime les endroits ombragés et les sols humides. C'est un excellent spécimen pour remplir des espaces entre des hostas panachés.

# H. 'Aspen Gold'

Enregistré par Vivian Grapes, au Nebraska, en 1986
Classification : III-3

### PLANT

142,2 cm (56 po) de diamètre • 61 cm (24 po) de hauteur
En forme de dôme dense

### FEUILLE

25,4 cm (10 po) de longueur • 20,3 cm (8 po) de largeur
Très épaisse, elle est de forme très arrondie et prend également la forme d'une soucoupe
bosselée. Elle est jaune chartreuse.

### FLEUR

En forme de clochette, elle pousse sur une tige florale de 55,9 cm (22 po), elle est presque
blanche et s'épanouit de la fin de juin à la mi-juillet.

### COMMENTAIRES

Sa croissance est très lente. Il ne tolère le soleil que si on lui procure plus d'arrosage. Il est
reconnu comme un des hostas les plus hâtifs. Il est remarquable avec ses quelques teintes de
vert en été.

# *H.* 'August Moon'

Enregistré par R. Langfelder, A. Summers et P. Ruh en 1996
Classification : III-3

## PLANT

102 cm (40 po) de diamètre • 50,8 cm (20 po) de hauteur
En forme de dôme dense

## FEUILLE

17,8 cm (7 po) de longueur • 17,1 cm (6 $\frac{3}{4}$ po) de largeur
Très épaisse, elle est de forme arrondie et possède une marge légèrement froissée. Toutefois lorsque le plant est jeune, la feuille a la forme d'un cœur et est marquée d'une petite ondulation lui donnant l'apparence d'une soucoupe. Elle est jaune doré.

## FLEUR

En forme de clochette, elle pousse sur une tige florale de 61 cm (24 po), elle est lavande, presque blanche, et éclôt de la mi-juillet jusqu'au début d'août.

## COMMENTAIRES

De croissance moyenne, ce hosta aura de plus belles couleurs s'il a un peu de soleil, car il peut tolérer jusqu'à cinq heures d'ensoleillement. Il est très robuste, résistant aux limaces et tolère bien la chaleur. Il est lutescent, c'est-à-dire qu'il émerge du sol en adoptant une couleur verte qui se change bientôt en jaune doré. Il n'aime pas la plantation en pot. Planté dans un coin plus sombre, il éclaircira votre plate-bande. Parmi les hostas qui poussent dans mon sous-bois, celui-ci est un de mes préférés.

Il devient jaune plus tard en saison.

## *H.* 'Aurora Borealis'

Enregistré par Wayside Gardens, en Illinois, en 1986
Classification : II-5B

### PLANT

96,5 cm (38 po) de diamètre • 61 cm (24 po) de hauteur
En forme de dôme dense

### FEUILLE

33 cm (13 po) de longueur • 27,9 cm (11 po) de largeur
Plutôt épaisse et très rugueuse, elle possède une forme arrondie. Elle est bleu vert assez foncé
et sa large marge irrégulière est jaunâtre, presque chartreuse.

### FLEUR

En forme de clochette, elle pousse sur une tige florale de 71 cm (28 po), elle est de couleur
lavande pâle et s'épanouit au mois d'août.

### COMMENTAIRES

Ce hosta, une mutation de *H.* 'Frances Williams', en est pratiquement une copie conforme. Sa
croissance est rapide et il est très robuste. Grâce à l'épaisseur de sa feuille il résiste aux limaces.
C'est un magnifique spécimen.

# *H.* 'Azure Snow'

Enregistré par Peter Ruh, en Ohio, en 1991
Classification : II-2

**PLANT**

76,2 cm (30 po) de diamètre • 38,1 cm (15 po) de hauteur
En forme de dôme

**FEUILLE**

32 cm (12 ¹/₂ po) de longueur • 21 cm (8 ¹/₄ po) de largeur
De forme triangulaire, très allongée, sa marge légèrement tordue est ondulée. Elle est luisante sur le dessus et assez rugueuse. Elle est bleu vert foncé et sa nervure centrale est encore plus foncée.

**FLEUR**

En forme d'entonnoir, elle pousse sur une tige florale de 42 cm (16 ¹/₂ po), elle est de couleur lavande et s'ouvre en juillet.

**COMMENTAIRES**

Ce hosta est un hybride de *H. hypoleuca*. Grâce à la beauté de ses feuilles aux surfaces luisantes dont le dos est blanchâtre, il représente un remarquable attrait dans votre jardin d'ombre. Son feuillage se parera de jolies teintes d'automne à la fin de septembre. Sa croissance est plutôt lente. On dit que ce plant a déjà atteint 114 cm (45 po) de diamètre et 50,8 cm (20 po) de hauteur.

# H. 'Baby Bunting'

Enregistré par Robert P. Savory, au Minnesota, en 1982
Classification : IV-2

**PLANT**

30,5 cm (12 po) de diamètre • 15,2 cm (6 po) de hauteur
En forme de dôme dense érigé

**FEUILLE**

7 cm (2 ³/₄ po) de longueur • 6,3 cm (2 ¹/₂ po) de largeur
Épaisse et bosselée, elle est en forme de cœur presque rond et pointu. Elle est bleu vert et
une mince ligne blanche court sur son pourtour.

**FLEUR**

En forme de clochette, elle pousse sur une tige florale de 45,7 cm (18 po), elle est lavande
pâle et s'épanouit en juin et au début de juillet.

**COMMENTAIRES**

Hybride de H. 'Rough Waters', ce hosta est un des meilleurs miniatures. Il résiste aux limaces,
pousse facilement et sa croissance est moyenne ou rapide. Il fait un excellent couvre-sol.

Plus tard en saison, il devient plus vert.

## *H.* 'Big Daddy'

Enregistré par Paul Aden, à New York, en 1978
Classification : I-2

**PLANT**

91,4 cm (36 po) de diamètre • 61 cm (24 po) de hauteur
En forme de dôme dense

**FEUILLE**

25,4 cm (10 po) de longueur • 17,8 cm (7 po) de largeur
Très épaisse, ovale, presque ronde, elle est en forme de soucoupe, rugueuse et très bosselée.
Ses veines sont très proéminentes. Elle est d'un bleu très foncé se changeant en vert foncé
tard en été.

**FLEUR**

En forme de clochette, elle pousse sur une tige florale de 76,2 cm (30 po), elle est de couleur
lavande très pâle, presque blanche, et s'épanouit très tôt en saison, en fin de juin ou au début
de juillet. C'est un hosta florifère.

**COMMENTAIRES**

Mutation de *H.* 'Rubusta Variegated', ce cultivar garde sa couleur bleue très longtemps. Il
résiste assez facilement à la sécheresse et aux températures plus chaudes. C'est un hosta très
vigoureux qui se contente d'un minimum d'ensoleillement pour garder sa couleur, mais il
tolère bien le soleil. On retrouve plusieurs caractéristiques des *sieboldiana*s dans ses gènes.
Il a une croissance lente au cours de ses deux premières années. C'est une plante très impres-
sionnante à maturité. Son feuillage est intéressant à l'automne et c'est un beau spécimen utilisé en arrière-plan. On dit même qu'il peut atteindre jusqu'à 165 cm (65 po) de diamètre.

## H. 'Big Mama'

Enregistré par Paul Aden, à New York, en 1978
Classification : I-2

**PLANT**

152 cm (60 po) de diamètre • 91,4 cm (36 po) de hauteur
En forme de dôme compact

**FEUILLE**

45,7 cm (18 po) de longueur • 35,6 cm (14 po) de largeur
Très épaisse, elle est ronde, partiellement allongée, un peu en forme de soucoupe et rugueuse.
Elle est également très bosselée et assez luisante. Elle est bleu vert, mais devient verte en fin
de saison.

**FLEUR**

En forme de clochette, elle pousse sur une tige florale de 122 cm (48 po), elle est lavande très
pâle, presque blanche, et s'ouvre au début de juillet. Elle est très fertile.

**COMMENTAIRES**

Produit d'un croisement entre H. 'Blue Tiers' et H. *sieboldiana* 'Blue Angel', ce hosta a besoin
de 90 % d'ombre. Sa croissance est lente au début mais devient plus rapide au cours des sai-
sons. Très polyvalent dans un aménagement paysager, il se plante en bordure ou fait un bel
arrière-plan. Il confère au jardin une allure tropicale et exotique. Près d'un plan d'eau, ses
feuilles laisseront glisser les gouttelettes. Spécimen spectaculaire, il a l'avantage de résister
aux limaces.

## *H.* 'Birchwood Parky's Gold'

Enregistré par Shaw en 1986
Classification : III-3

**PLANT**

119 cm (47 po) de diamètre • 43,2 cm (17 po) de hauteur
En forme de dôme dense

**FEUILLE**

16 cm (6 ¼ po) de longueur • 12,7 cm (5 po) de largeur
Plutôt épaisse et rugueuse, elle a la forme d'un cœur assez élancé et est légèrement ondulée dans la marge. Cette plante est de couleur jaune vert.

**FLEUR**

En forme de clochette sur une tige florale de 91,5 cm (36 po), elle est lavande pâle et s'ouvre au début de juillet. Cette plante est florifère.

**COMMENTAIRES**

Ce hosta, un hybride de *H.* 'Sunlight', aime toutes les formes d'ensoleillement. Il a une croissance moyenne et résiste aux limaces.

## *H.* 'Bitsy Gold'

Enregistré par Robert P. Savory, au Minnesota, en 1985
Classification : V-3

**PLANT**

40,6 cm (16 po) de diamètre • 15,2 cm (6 po) de hauteur
En forme de dôme aplati

**FEUILLE**

12,7 cm (5 po) de longueur • 2 cm (³⁄₄ po) de largeur
De forme très élancée, elle est de couleur jaune et sera plus verte à l'ombre.

**FLEUR**

En forme de clochette, elle pousse sur une tige florale de 15,2 cm (6 po), elle est de couleur lavande et s'épanouit au mois d'août.

**COMMENTAIRES**

Hybride de *H. longissima*, ce hosta miniature est très décoratif dans les bordures et les petites rocailles. Il fera également un très bon sujet dans un contenant ou dans un pot.

# H. 'Blue Angel'

Enregistré par Paul Aden, à New York, en 1986
Classification : I-2

**PLANT**

122 cm (48 po) de diamètre • 91,4 cm (36 po) de hauteur
En forme de dôme dense aplati

**FEUILLE**

45,7 cm (18 po) de longueur • 30,5 cm (12 po) de largeur
Elle est épaisse, fortement froissée, et en forme de cœur. Sa surface est rugueuse et elle
pousse à l'horizontale, ses pointes arquées vers le bas. Son pétiole est érigé et ses marges
sont marquées de plusieurs ondulations. Elle est de couleur bleu vert, un bleu qui se fera plus
intense en ombre totale.

**FLEUR**

En forme de clochette, elle pousse sur une tige florale de 122 cm (48 po), elle est blanche,
s'ouvre au début de juillet et sa floraison dure longtemps. Elle ressemble à une jacinthe, pousse
en grappes rapprochées. Hosta florifère et très fertile.

**COMMENTAIRES**

Il semble que ce hosta soit le plus gros cultivar de sa catégorie. À maturité, il est remarquable et
attire l'attention. Sa croissance est rapide, surtout s'il a le soleil du matin. Pour bien performer il
doit être planté dans un endroit très ombragé (90 %). Il émerge de terre tôt au printemps et dès
la fin de mai, il impressionne. On le plante en isolé ou en groupe. À maturité, il peut tolérer la
sécheresse. Il résiste aux limaces. C'est le hosta le plus vendu en Amérique du Nord. Avec ses feuilles
très larges et sa texture intense, H. 'Blue Angel' créera des scènes pittoresques dans votre aménagement. Placé près d'un plan d'eau il sera spectaculaire. Ce hosta mérite une place dans votre jardin. On dit même qu'il peut atteindre 178 cm (70 po) de diamètre.

## *H.* 'Blue Cadet'

Enregistré par Paul Aden, à New York, en 1974
Classification : IV-2

**PLANT**

61 cm (24 po) de diamètre • 25,4 cm (10 po) de hauteur
En dôme dense

**FEUILLE**

11,4 cm (4 ½ po) de longueur • 7,6 cm (3 po) de largeur
Plutôt épaisse, elle est en forme de cœur arrondi et de couleur bleu vert, marquée d'une très petite marge blanche, légèrement ondulée. Elle devient plus verte en été.

**FLEUR**

En forme de clochette, elle pousse sur une tige florale de 38 cm (15 po), elle est de couleur lavande foncé et devient blanche. Cette plante fleurit abondamment à la fin de juin.

**COMMENTAIRES**

Hybride de *H.* 'Tokudama', ce hosta est un des plus petits à teinte bleue. Sa croissance est rapide et il demeure intact jusqu'aux premiers gels. Il est très apprécié dans les jardins. Il pousse très bien dans des bordures où il règne une ombre légère. Il résiste aux limaces. On dit qu'il peut atteindre 96,5 cm (38 po) de diamètre et 38 cm (15 po) de hauteur.

## *H.* 'Blue Dimples'

Enregistré par Eric B. Smith, en Angleterre, en 1988
Classification : III-2

**PLANT**

45,7 cm (18 po) de diamètre • 35,6 cm (14 po) de hauteur
En forme de dôme très dense

**FEUILLE**

17,8 cm (7 po) de longueur • 11,4 cm (4 ¹/₂ po) de largeur
Elle est ovale, oblongue, épaisse, avec une ondulation forte dans sa marge. Ses veines sont proéminentes en dessous. Elle demeure d'un bleu vert foncé durant toute la saison.

**FLEUR**

En forme de clochette, elle pousse sur une tige florale de 50,8 cm (20 po), elle est de couleur lavande et éclôt à la fin de juillet.

**COMMENTAIRES**

Cet hybride de *H. tardiana* résiste aux limaces. Il ressemble à *H.* 'Blue Wedgewood' sauf que sa feuille est moins triangulaire. C'est un beau hosta bleu... très ridé qui a une allure vigoureuse. Il a belle apparence dans un aménagement en bordure où règne une ombre légère. Sa croissance est moyenne. C'est un des hostas le plus bleu avec des fleurs lavande.

# *H.* 'Blue Mammoth'

Créé par Paul Aden, à New York, mais non enregistré
Classification : I-2

**PLANT**

165 cm (65 po) de diamètre • 89 cm (35 po) de hauteur
En forme de dôme

**FEUILLE**

35,6 cm (14 po) de longueur • 30,5 cm (12 po) de largeur
De forme ovale, évasée à sa base, elle est fortement froissée et montre plusieurs ondulations. Sa surface est rugueuse et très épaisse. elle est bleu pâle jusque tard en été puis elle devient vert foncé.

**FLEUR**

En forme de clochette allongée, elle pousse sur une tige florale de 81,3 cm (32 po), elle est blanche et s'épanouit au début de juillet. Hosta florifère qui produit de nombreuses capsules de semences.

**COMMENTAIRES**

Ce hosta a une croissance rapide : en quelques années, il devient immense. Il a du *H. sieboldiana* dans ses gènes. Il fait un bel écran dans un jardin. Il préfère les coins ombragés mais tolère jusqu'à 85 % d'ensoleillement. Il résiste assez bien aux limaces.

(À droite) Les astilbes demeurent toujours une des plus belles compagnes des hostas.

## *H.* 'Blue Moon'

Enregistré par Eric B. Smith et Paul Aden, en Angleterre, en 1976
Classification : IV-2

**PLANT**

15,2 cm (6 po) de diamètre • 25,4 cm (10 po) de hauteur
En forme de dôme dense

**FEUILLE**

7,6 cm (3 po) de longueur • 5,1 cm (2 po) de largeur
Elle est en forme de cœur allongé, épaisse et ressemble à une soucoupe. Elle est d'un bleu lumineux.

**FLEUR**

En forme de clochette, elle pousse sur une tige florale de 30,5 cm (12 po), elle est blanche et s'épanouit à la fin de juin ou au début de juillet.

**COMMENTAIRES**

Hybride de *H.* 'Tardiflora' et de *H. sieboldiana* 'Elegans', ce hosta résiste aux limaces et sa croissance est lente. Il s'intègre bien dans une bordure ou une rocaille. Même s'il préfère les endroits ombragés, il tolère l'ensoleillement. Dans un aménagement, il fera un beau contraste avec des hostas jaunes. On dit qu'il peut atteindre 55,9cm (22 po) de diamètre.

105

(À gauche) À Knowlton, un groupe de petits hostas
viennent agrémenter cet immense spécimen.

## *H.* 'Blue Umbrellas'

Enregistré par Paul Aden, à New York, en 1978
Classification : I-2

**PLANT**

137 cm (54 po) de diamètre • 91,4 cm (36 po) de hauteur
En forme de vase dense très symétrique

**FEUILLE**

35,6 cm (14 po) de longueur • 25,4 cm (10 po) de largeur
Très épaisse, en forme de cœur, elle est assez érigée puis horizontale, créant l'illusion d'un
parapluie. Elle a la forme d'une soucoupe et sa surface est striée et luisante. Très tôt au printemps, elle est d'un bleu vert qui se change rapidement en vert foncé.

**FLEUR**

En forme de clochette allongée, elle pousse sur une tige florale de 91,4 cm (36 po), elle est
de couleur lavande, presque blanche, et s'ouvre à la mi-juillet. Hosta florifère qui forme de
nombreuses capsules de semences.

**COMMENTAIRES**

Ce hosta est un croisement de *H.* 'Tokudama' et de *H. sieboldiana* 'Elegans'. Sa croissance est
moyenne. Lorsqu'il atteint sa maturité, il devient un excellent spécimen qui convient bien en
arrière-plan. Il est également très décoratif près d'un plan d'eau. Il se montre très efficace
dans une pente dont on veut ralentir l'érosion. Il confère un aspect intime au jardin et se place
bien près d'une terrasse. Il peut être planté à l'ombre aussi bien qu'en plein soleil. Il résiste
efficacement aux limaces. C'est un hosta classique que l'on devrait retrouver dans tous les
jardins. On dit qu'il peut atteindre 183 cm (72 po) de diamètre.

## H. 'Blue Wedgewood'

Enregistré par Eric B. Smith, en Angleterre, en 1988
Classification : III-2

**PLANT**

55,9 cm (22 po) de diamètre • 35,6 cm (14 po) de hauteur
En forme de dôme très dense érigé

**FEUILLE**

13,3 cm (5 ¹/₄ po) de longueur • 14 cm (5 ¹/₂ po) de largeur
Lancéolée, arrondie et assez épaisse, elle a une légère ondulation et ses veines sont prononcées. Elle demeure bleu métallique foncé durant toute la saison.

**FLEUR**

En forme de clochette, elle pousse sur une tige florale de 40,6 cm (16 po), elle est de couleur lavande, presque bleue, et éclôt à la fin de juin et en juillet.

**COMMENTAIRES**

Hybride de *H.* 'Tardiflora' et de *H. sieboldiana* 'Elegans', ce hosta résiste aux limaces. Il peut très bien être planté dans des bordures ou comme couvre-sol. Il tolère jusqu'à 75 % d'ensoleillement et sa croissance est moyenne. Il sera superbe en pot. On dit qu'il peut atteindre 114 cm (45 po) de diamètre et 50,8 cm (20 po) de hauteur.

# *H.* 'Bold Edger'

Enregistré par Kevin C. Vaughn, au Massachusetts, en 1983
Classification : III-4B

**PLANT**

50,8 cm (20 po) de diamètre • 50,8 cm (20 po) de hauteur
En forme de dôme dense érigé

**FEUILLE**

12,7 cm (5 po) de longueur • 7,6 cm (3 po) de largeur
En forme de cœur, presque ovale, elle possède une marge légèrement ondulée. Elle est de couleur vert foncé avec une bordure irrégulière dorée au printemps qui se change en blanc crème, presque ivoire, en été.

**FLEUR**

En forme d'entonnoir, elle pousse sur une tige florale de 66 cm (26 po), elle est pourpre foncé et s'ouvre à la fin de juillet et en août.

**COMMENTAIRES**

Croisement entre *H.* 'Beatrice' et *H.* 'Frances Williams', ce hosta jouit d'une croissance rapide. Ses changements de couleurs en font un plant spectaculaire.

## *H.* 'Bold Ruffles'

Enregistré par M^me Fred Arett en 1975
Classification : I-2

**PLANT**

91,4 cm (36 po) de diamètre • 76,2 cm (30 po) de hauteur
En forme de dôme dense érigé

**FEUILLE**

38,1 cm (15 po) de longueur • 30,5 cm (12 po) de largeur
Elle est grande, de forme oblongue, assez épaisse et rugueuse et ses veines sont proéminentes avec une marge légèrement ondulée. Elle est de couleur gris bleu vert.

**FLEUR**

En forme de clochette, elle pousse sur une tige florale de 91,4 cm (36 po), elle est blanche et s'épanouit à la fin de juin.

**COMMENTAIRES**

Mutation de *H. sieboldiana* 'Elegans', sa croissance est lente, surtout à sa première saison. Ce hosta résiste efficacement aux limaces mais n'aime pas la culture en contenant. Il a une forme distinctive qui se remarque de loin.

## H. 'Brave Amherst'

Enregistré par William et Eleanor Lachman, au Massachusetts, en 1993
Classification : III-1

**PLANT**

63,5 cm (25 po) de diamètre • 45,7 cm (18 po) de hauteur
En forme de dôme dense et compact

**FEUILLE**

22,9 cm (9 po) de longueur • 16,5 cm (6 ½ po) de largeur
Elle est plutôt épaisse, légèrement luisante, en forme de cœur, arrondie, presque ovale et modérément ondulée. Ses rebords sont légèrement dentelés et en forme de soucoupe renversée et ses veines sont plutôt proéminentes. Son centre est vert foncé, presque bleu, et marqué d'une marge jaune crème assez large (environ 2 cm, entre ½ et 1 po).

**FLEUR**

De forme tubulaire, elle pousse sur une tige florale de 61 cm (24 po), elle est lavande, presque blanche, et s'épanouit en juin.

**COMMENTAIRES**

Ce hosta, un croisement entre H. 'Christmas Tree' et H. 'Reversed', a une croissance lente. Il résiste aux limaces et son apparence distinctive en fait un spécimen remarqué.

## H. 'Bressingham Blue'

Enregistré par Alan Bloom, en Angleterre, en 1984
Classification : I-2

### PLANT

91,4 cm (36 po) de diamètre • 61 cm (24 po) de hauteur
En forme de vase très symétrique

### FEUILLE

38,1 cm (15 po) de longueur • 30,5 cm (12 po) de largeur
Très épaisse, en forme de cœur très arrondi, elle a la forme d'une soucoupe assez bosselée et de grosses ondulations marquent sa marge. Elle est bleu vert et devient bleu gris au cours de l'été.

### FLEUR

En forme de clochette, elle pousse sur une tige florale de 91,4 cm (36 po), elle est de couleur lavande, presque blanche, et éclôt à la mi-juillet.

### COMMENTAIRES

Hybride de *H. sieboldiana* avec *H.* 'Tokudama', ce hosta est un des plus bleus de sa catégorie. Le plant est très compact et dense et donne de la profondeur et un sentiment de fraîcheur à un jardin d'ombre. Il est beau du début du printemps jusqu'à l'automne et tolère le soleil. Il pousse très bien en milieu humide. Sa croissance est rapide après la première année. Sous les arbres, il fait la compétition aux racines. Dans un aménagement, il forme un joli contraste sur des hostas à feuillage jaune ou marginé blanc. Il s'adapte très bien à la culture en pot.

# *H.* 'Bridegroom'

Enregistré par R. D. Benedict et Hideko Gowen, au Michigan, en 1990
Classification : III-1

## PLANT

25,4 cm (10 po) de diamètre • 20,3 cm (8 po) de hauteur
En forme de dôme semi-érigé

## FEUILLE

12,7 cm (5 po) de longueur • 10,2 cm (4 po) de largeur
En forme de triangle et un peu tordue, elle est marquée d'une très petite ondulation dans ses marges qui pointent vers le haut. Elle a un reflet satiné et est de couleur vert foncé.

## FLEUR

De forme tubulaire, elle pousse sur une tige florale de 45,7 cm (18 po), elle est de couleur lavande ou violette et s'ouvre à la fin juillet. Elle est stérile.

## COMMENTAIRES

Ce hosta est un croisement entre *H.* 'Holly's Honey' et un bébé de *H.* 'Bridegroom' recroisé avec la plante mère. Il est bon de l'employer comme plante vedette dans un aménagement où il pourra faire apprécier sa beauté et sa forme tordue inhabituelle. On a déjà vu un plant mesurant 89 cm (35 po) de diamètre et d'une hauteur de 45,7 cm (18 po).

## *H.* 'Brim Cup'

Enregistré par Paul Aden, à New York, en 1986,
Classification : III-4B

**PLANT**

40,6 cm (16 po) de diamètre • 30,5 cm (12 po) de hauteur
En forme de dôme dense

**FEUILLE**

16,5 cm (6 ¹/₂ po) de longueur • 12,7 cm (5 po) de largeur
En forme de cœur et de soucoupe, elle a une texture gaufrée et se tient à l'horizontale. Elle est vert foncé et sa marge assez large et irrégulière est de couleur crème avant de devenir très blanche.

**FLEUR**

En forme de clochette, elle pousse sur une tige florale de 45,7 cm (18 po) et est blanche. Le plant fleurit abondamment à la fin de juillet et en août.

**COMMENTAIRES**

Hybride de *H.* 'Wide Brim', ce hosta à croissance moyenne est très populaire et préfère l'ombre tamisée. Il résiste assez bien aux limaces.

## H. 'Bunchoko'

Découvert par Maekawa, en 1969, mais non enregistré
Classification : IV-4B

**PLANT**

25,4 cm (10 po) de diamètre • 10,2 cm (4 po) de hauteur
En forme de dôme érigé

**FEUILLE**

7,6 cm (3 po) de longueur • 2,5 cm ( 1 po) de largeur
Elle est de forme élancée, luisante, et sa marge assez dentelée est ondulée. Elle est vert foncé avec une fine marge blanche devenant crème.

**FLEUR**

En forme de clochette, elle pousse sur une tige florale de 45,7 cm (18 po), elle est de couleur pourpre et s'ouvre en août.

**COMMENTAIRES**

Espèce importée du Japon, ce hosta est souvent appelé 'Ginko Craig'. Il a les mêmes caractéristiques que H. 'Ginko Craig'.

## *H.* 'Canadian Blue'

Ce hosta n'est pas enregistré
Classification : IV-2

**PLANT**

61 cm (24 po) de diamètre • 40,6 cm (16 po) de hauteur
En forme de dôme dense

**FEUILLE**

12,7 cm (5 po) de longueur • 7,6 cm (3 po) de largeur
De forme allongée, mais large, elle est assez épaisse. Elle est d'un bleu luisant.

**FLEUR**

En forme de clochette, elle pousse sur une tige florale de 30,5 cm (12 po), elle est de couleur
lavande et s'ouvre à la fin de juin et au début de juillet.

**COMMENTAIRES**

Peu d'informations sont disponibles sur ce hosta dont la croissance est moyenne. Il semble
être une copie de *H.* 'Halcyon' et résiste bien aux limaces.

## *H.* 'Canadian Shield'

 Enregistré par K. Knechtel, en Colombie-Britannique, en 1993
Classification : III-1

**PLANT**

61 cm (24 po) de diamètre • 30,5 cm (12 po) de hauteur
En forme de dôme compact

**FEUILLE**

17,8 cm (7 po) de longueur • 12,7 cm (5 po) de largeur
De forme ovale et ronde à sa base, elle est luisante sur le dessus et en forme de soucoupe.
Elle est de couleur vert forêt.

**FLEUR**

De forme tubulaire, elle pousse sur une tige florale de 45,7 cm (18 po), elle est de couleur
lavande et s'épanouit en juillet.

**COMMENTAIRES**

Ce hosta sport de *H.* 'Halcyon' résiste très bien aux limaces. Il tolère également l'ensoleillement, gardera sa beauté dans toutes les sortes de sols et sous toutes les lumières, et conservera sa forme assez compacte. C'est un des hostas les plus verts et il paraîtra éclatant à côté
d'un hosta à feuillage jaune. Il demeure intact même après les premiers gels.

116

## H. 'Candy Hearts'

Enregistré par E. Fisher et P. Ruh en 1998
Classification : III-1

**PLANT**

76,2 cm (30 po) de diamètre • 38,1 cm (15 po) de hauteur
En forme de dôme dense

**FEUILLE**

16 cm (6 ¼ po) de longueur • 14,6 cm (5 ¾ po) de largeur
Épaisse, en forme de cœur élargi et de soucoupe, elle est légèrement ondulée et sa surface est plutôt luisante. Ses veines sont proéminentes. Elle est bleu vert.

**FLEUR**

De forme tubulaire, elle pousse sur une tige florale de 47 cm (18 ½ po), elle est de couleur lavande, presque blanche, et s'épanouit de la mi-juin à la mi-juillet.

**COMMENTAIRES**

Hybride de *H. nakaiana*, ce hosta croît rapidement. Utile comme couvre-sol, il a l'avantage de résister aux limaces. Il préfère les endroits ombragés. Les amateurs l'aiment beaucoup.

## H. 'Carnival'

Enregistré par William et Eleanor Lachman, au Massachusetts, en 1986
Classification : II-5B

### PLANT

86,4 cm (34 po) de diamètre • 40,6 cm (16 po) de hauteur
En forme de dôme dense

### FEUILLE

66 cm (26 po) de longueur • 22,9 cm (9 po) de largeur
Plutôt épaisse et luisante, en forme de cœur, elle est marquée d'une marge légèrement frois-sée. Elle est vert foncé et montre une large marge irrégulière jaune qui a tendance à se diri-ger vers son centre et pâlit au cours de la saison. Une feuille plus vieille a quelques rugosités intenses.

### FLEUR

En forme d'entonnoir, elle pousse sur une tige florale de 91,4 cm (36 po), elle est lavande et s'ouvre en juillet et en août. Elle dure longtemps.

### COMMENTAIRES

Hybride de H. 'Beatrice' et de H. 'Frances Williams', ce hosta à croissance moyenne préfère les endroits ombragés. Grâce à l'épaisseur de sa feuille, il résiste efficacement aux limaces. Ses feuilles sont portées à rétrécir après plusieurs années. C'est un magnifique spécimen qui se marie parfaitement avec les hostas verts ou jaunes.

# *H.* 'Carolina Sunshine'

Enregistré par Tony Avent, en Caroline du Nord, en 1999
Classification : III-5B

**PLANT**

122 cm (48 po) de diamètre • 91,4 cm (36 po) de hauteur
En forme de dôme dense

**FEUILLE**

30,5 cm (12 po) de longueur • 15,2 cm (6 po) de largeur
Très allongée et luisante, elle est vert foncé et possède une large marge de couleur jaune
caramel qui garde sa couleur tout au long de la saison.

**FLEUR**

En forme d'entonnoir, elle pousse sur une tige florale de 50,8 cm (20 po), elle est lavande et
éclôt en juillet.

**COMMENTAIRES**

Hybride provenant de *H.* 'Swoosh' et de *H. tibae*, ce hosta a été remis à tous les participants
du congrès 2001 de l'American Hosta Society qui s'est tenu en Caroline du Nord.

## *H.* 'Chantilly Lace'

Introduit par William et Eleanor Lachman, au Massachusetts, en 1988
Classification : IV-4B

**PLANT**

35,6 cm (14 po) de diamètre • 22,9 cm (9 po) de hauteur
En forme de dôme semi-érigé

**FEUILLE**

16,5 cm (6 ½ po) de longueur • 3,8 cm (1 ½ po) de largeur
Très élancée et assez épaisse, elle se tient à l'horizontale et montre une légère ondulation
avec ses pointes tordues. Elle est verte, tirant sur le gris, et sa marge qui mesure 0,6 cm
(¼ po) de couleur crème est presque blanche.

**FLEUR**

En forme d'entonnoir, elle pousse sur une tige florale de 30,5 cm (12 po), elle est blanche et
s'épanouit tard en août.

**COMMENTAIRES**

Hybride provenant d'un croisement entre *H.* 'Calypso' et *H.* 'Halcyon', ce cultivar est très vigoureux. Résistant aux limaces, il s'adapte à merveille dans un contenant.

## *H.* 'Cherry Berry'

Enregistré par William et Eleanor Lachman, au Massachusetts, en 1991
Classification : IV-6A

**PLANT**

36,8 cm (14 ½ po) de diamètre • 25,4 cm (10 po) de hauteur
En forme de dôme modérément dense et érigé

**FEUILLE**

15,2 cm (6 po) de longueur • 6,3 cm (2 ½ po ) de largeur
Mince et montrant quelques ondulations, son centre est blanc jaunâtre et elle possède une marge verte. On peut y voir également différentes rayures vertes. Le pétiole est légèrement rosé.

**FLEUR**

En forme d'entonnoir, elle pousse sur une tige florale de 71 cm (28 po), elle est violette et s'épanouit tout le mois de juillet.

**COMMENTAIRES**

Le principal désavantage de ce hosta est qu'il est fréquemment attaqué par les limaces. En revanche, si vous réussissez à le protéger adéquatement, il fera un plant magnifique et poussera très rapidement. Il sera à son plus beau planté là où il peut recevoir le soleil du matin. Il est l'un des premiers hybrides à avoir des teintes de rouge sur le pétiole.

## *H.* 'Chiquita'

Introduit par Mervin C. Eisel en 1979
Classification : III-8

**PLANT**

122 cm (48 po) de diamètre • 61 cm (24 po) de hauteur
En forme de dôme dense

**FEUILLE**

48,3 cm (19 po) de longueur • 22,9 cm (9 po) de largeur
Très élancée et légèrement ondulée, elle est jaune et peut devenir vert lime en fin d'été (viridescent).

**FLEUR**

En forme d'entonnoir sur une tige florale de 71 cm (28 po), elle est lavande et éclôt tard en juillet et en août.

**COMMENTAIRES**

Ce hosta est un des plus éclatants du jardin au début du printemps.

## *H.* 'Choo Choo Train'

Introduit par Tony Sears et Tony Avent et enregistré en 1999
Classification : II-3

**PLANT**

152 cm (60 po) de diamètre • 55,9 cm (22 po) de hauteur
En forme de dôme dense

**FEUILLE**

38 cm (13 po) de longueur • 22,9 cm (9 po) de largeur
Très épaisse et très allongée, ses veines sont proéminentes, et elle est d'une couleur jaune qui peut devenir verdâtre au milieu de l'été.

**FLEUR**

En forme d'entonnoir, elle pousse sur une tige florale de 71 cm (28 po), elle est lavande, presque blanche, et éclôt au milieu de l'été.

**COMMENTAIRES**

Spécimen parmi les plus éclatants, ce hosta se remarque de loin dans un jardin. Il résiste efficacement aux limaces.

## H. 'Christmas Tree'

Introduit par Kevin Vaughn et Mildred Seaver et enregistré en 1982
Classification : III-4B

**PLANT**

45,7 cm (18 po) de diamètre • 22,9 cm (9 po) de hauteur
En forme de dôme dense

**FEUILLE**

25,4 cm (10 po) de longueur • 15,2 cm (6 po) de largeur
Très épaisse et extrêmement bosselée, elle a la forme d'un cœur arrondi. Elle est verte et est marquée d'une mince marge irrégulière jaune qui devient blanche tard en saison.

**FLEUR**

En forme d'entonnoir sur une tige florale de 76,2 cm (30 po), elle est lavande, presque blanche, et s'épanouit au mois d'août.

**COMMENTAIRES**

Ce hosta provient d'un croisement entre *H. sieboldiana* 'Frances Williams' et *H.* 'Beatrice'. Ses fleurs et ses feuilles peuvent être utilisées dans les arrangements de fleurs coupées. Il fera un bel effet près d'un plan d'eau. De croissance moyenne, il préfère les endroits ombragés et résiste efficacement aux limaces. Il s'adapte très bien à la culture en contenant.

## H. 'Citation'

Enregistré par Paul Aden, à New York, en 1980
Classification : III-4B

**PLANT**

76,2 cm (30 po) de diamètre • 55,9 cm (22 po) de hauteur
En forme de dôme dense

**FEUILLE**

22,9 cm (9 po) de longueur • 17,8 cm (7 po) de largeur
Plutôt épaisse et luisante, en forme de cœur et légèrement ondulée, elle possède une marge légèrement froissée. Une feuille plus vieille montre quelques rugosités intenses. Elle est de couleur chartreuse et sa marge est crème, presque blanche.

**FLEUR**

En forme d'entonnoir, elle pousse sur une tige florale de 45,7 cm (18 po), elle est blanche et s'ouvre en juillet.

**COMMENTAIRES**

Hybride de H. 'Vicky Aden', grâce à ses feuilles épaisses, ce hosta résiste aux limaces.

## *H.* 'Colossal'

Enregistré par Robert P. Savory, au Minnesota, en 1977
Classification : I-1

**PLANT**

122 cm (48 po) de diamètre • 71 cm (28 po) de hauteur
En forme de dôme dense

**FEUILLE**

27,9 cm (11 po) de longueur • 22,9 cm (9 po) de largeur
Plutôt épaisse, en forme de cœur et ondulée, elle se recroqueville sur elle-même dans sa
marge et ses veines sont proéminentes. Elle est de couleur vert foncé.

**FLEUR**

En forme d'entonnoir, elle pousse sur une tige florale de 88,9 cm (35 po), elle est de couleur
lavande et éclôt de la mi-juin à la mi-juillet. La floraison est abondante.

**COMMENTAIRES**

Grâce à ses feuilles épaisses, ce hosta résiste aux limaces. Ses feuilles atteindront des dimensions énormes au bout d'une année s'il n'est pas déplacé. C'est un excellent spécimen d'arrière-plan.

# H. 'Coquette'

Enregistré par Ralph H. Benedict, au Michigan, en 1987
Classification : IV-4B

## PLANT

35,6 cm (14 po) de diamètre • 30,5 cm (12 po) de hauteur
En forme de dôme dense érigé

## FEUILLE

12,7 cm (5 po) de longueur • 10,2 cm (4 po) de largeur
Plutôt épaisse, de forme ovale, elle est assez bosselée et très luisante en dessous. Elle est d'un vert lumineux avec une marge irrégulière qui varie de blanc à chartreuse et qui court vers son centre.

## FLEUR

En forme d'entonnoir, elle pousse sur une tige florale de 45,7 cm (18 po), elle est de couleur lavande et éclôt à la mi-juillet.

## COMMENTAIRES

Ce hosta provient d'une hybridation entre H. 'Neat Splash' et un bébé de H. 'Neat Splash' recroisé avec la plante mère. Grâce à ses feuilles épaisses, il offre une bonne résistance aux limaces. Sa croissance est moyenne.

# H. 'Crepe Suzette'

Enregistré par William et Eleanor Lachman, au Massachusetts, en 1986
Classification : IV-4B

**PLANT**

22,9 cm (9 po) de diamètre • 10,2 cm (4 po) de hauteur
En forme de dôme dense très bas

**FEUILLE**

12,7 cm (5 po) de longueur • 5,1 cm (2 po) de largeur
Assez ronde, elle a tendance à s'écraser au sol. Elle est de couleur vert foncé et porte une marge dont la couleur varie entre le blanc et le chartreuse.

**FLEUR**

En forme d'entonnoir, elle pousse sur une tige florale de 25,4 cm (10 po), elle est de couleur lavande et éclôt de la mi-août jusqu'au début de septembre.

**COMMENTAIRES**

Hybride de H. 'Flamboyant', il a belle apparence en devanture d'une plate-bande. Sa croissance est rapide et les marges de ses feuilles sont exceptionnelles. La couleur délavée sur certaines parties de ses feuilles est frappante. Planté avec d'autres hostas miniatures tel que H. 'Pandora's Box' ou H. 'Gum Drop', il sera spectaculaire. Il a fière allure dans une rocaille.

## H. 'Crown Jewel'

Enregistré par Walters Gardens, au Michigan, en 1984
Classification : IV-4A

**PLANT**

30,5 cm (12 po) de diamètre • 10,2 cm (4 po) de hauteur
En forme de dôme dense érigé

**FEUILLE**

10,2 cm (4 po) de longueur • 5,1 cm (2 po) de largeur
En forme de cœur, légèrement bosselée et en forme de soucoupe, elle est de couleur chartreuse et montre une marge irrégulière blanc crème.

**FLEUR**

En forme d'entonnoir, elle se dresse sur une tige florale de 25,4 cm (10 po), elle est de couleur lavande foncé et éclôt en juillet.

**COMMENTAIRES**

Mutation de H. 'Gold Drop', ce magnifique hosta de bordure croît lentement. Il préfère l'ombre partielle et a tendance à se recroqueviller sur lui-même.

# H. 'Crusader'

Enregistré par William et Eleanor Lachman, au Massachusetts, en 1989
Classification : III-4B

**PLANT**

76,2 cm (30 po) de diamètre • 40,6 cm (16 po) de hauteur
En forme de dôme dense érigé

**FEUILLE**

17,8 cm (7 po) de longueur • 12,7 cm (5 po) de largeur
En forme de cœur arrondi, luisante et légèrement bosselée avec les années, elle est assez épaisse et légèrement ondulée. Elle est de couleur vert foncé avec une petite marge irrégulière blanche ou ivoire.

**FLEUR**

En forme d'entonnoir, elle pousse sur une tige florale de 66 cm (26 po), elle est de couleur lavande foncé et éclôt en août.

**COMMENTAIRES**

Ce hosta provient d'un croisement entre H. 'Resonance' et de H. 'Halcyon'. Il tolère le soleil et se multiplie rapidement, même si sa croissance est moyenne. Il résiste aux limaces et constitue une magnifique plante de bordure.

130

## H. 'Cynthia'

Enregistré par Chet W. Tompkins, en Oregon, en 1984
Classification : II-8

**PLANT**

152 cm (60 po) de diamètre • 88,9 cm (35 po) de hauteur
En forme de dôme dense

**FEUILLE**

33 cm (13 po) de longueur • 25,4 cm (10 po) de largeur
En forme de cœur, légèrement allongée, elle est bosselée et possède une marge légèrement dentelée.

**FLEUR**

En forme de clochette, elle apparaît sur une tige florale de 76,2 cm (30 po), elle est de couleur lavande pâle et éclôt en juin.

**COMMENTAIRES**

Ce hosta très instable a une croissance moyenne et atteint de bonnes dimensions. Ses feuilles sont toutes différentes les unes des autres et les taches qui marquent leur surface n'apparaissent pas sur toutes. Il résiste bien aux limaces. Il est viridescent : au printemps ses feuilles sont remplies de marques dorées sur sa surface verte. Quand vient l'été, les marques s'effacent pour laisser une feuille toute verte.

## *H.* 'Daybreak'

Enregistré par Paul Aden, à New York, en 1986
Classification : II-3

**PLANT**

91,4 cm (36 po) de diamètre • 55,9 cm (22 po) de hauteur
En forme de dôme dense

**FEUILLE**

30,5 cm (12 po) de longueur • 20,3 cm (8 po) de largeur
Épaisse et rugueuse, très allongée, elle montre un reflet luisant en surface. Ses veines sont très prononcées. Elle est verte quand elle apparaît au printemps, devient ensuite jaune lime et sera plus dorée à la fin de l'été.

**FLEUR**

En forme d'entonnoir, elle se dresse sur une tige florale de 71,1 cm (28 po), elle est de couleur lavande et éclôt de la mi-août au début de septembre. Cette plante est florifère.

**COMMENTAIRES**

Ce hosta créera l'illusion du soleil du matin dans votre jardin ombragé. Il préfère un site ensoleillé et résiste très bien aux limaces. Sa croissance est moyenne. Il peut servir de plante vedette, mais convient bien en arrière-plan. Il gardera sa couleur jaune doré jusqu'à la fin de la saison. Il atteint parfois des dimensions de 152 cm (60 po) de diamètre.

## H. 'Dew Drop'

Enregistré par Walters Gardens, au Michigan, en 1988
Classification : IV-4B

**PLANT**

20,3 cm (8 po) de diamètre • 15,2 cm (6 po) de hauteur
En forme de dôme dense

**FEUILLE**

8,9 cm (3 ½ po) de longueur • 6,3 cm (2 ½ po) de largeur
En forme de cœur, fortement nervurée et légèrement en soucoupe, elle est vert foncé et une
fine ligne blanche court sur le contour de la feuille.

**FLEUR**

En forme de clochette, elle surmonte une tige florale de 35,6 cm (14 po), elle est de couleur
lavande et s'ouvre en juin. Elle refleurira en automne.

**COMMENTAIRES**

Mutation de H. 'Gold Drop', ce hosta a une croissance moyenne ou rapide.

## *H.* 'Diamond Tiara'

Enregistré par Q & Z Nursery et Mark R. Zilis en 1985
Classification : IV-4B

**PLANT**

91,4 cm (36 po) de diamètre • 35,6 cm (14 po) de hauteur
En forme de dôme érigé

**FEUILLE**

11,4 cm (4 ½ po) de longueur • 8,9 cm (3 ½ po) de largeur
En forme de cœur, légèrement ondulée, elle est vert olive et sa petite marge est blanche.

**FLEUR**

En forme de clochette, elle se dresse sur une tige florale de 68,6 cm (27 po), elle est de couleur pourpre et s'ouvre en fin de juillet. Elle refleurit plus tard en saison.

**COMMENTAIRES**

Mutation de *H.* 'Golden Tiara', ce hosta dont la croissance est rapide se multiplie facilement. Il pousse bien dans l'ombre totale et fait une excellente plante d'ombre en bordure.

## *H.* 'Dick Ward'

Enregistré par Handy Hatfield, en Ohio, en 1991
Classification : II-6B

**PLANT**

76,2 cm (30 po) de diamètre • 40,6 cm (16 po) de hauteur
En forme de dôme dense érigé

**FEUILLE**

22,9 cm (9 po) de longueur • 22,9 cm (9 po) de largeur
En forme de cœur très arrondi, sa surface est luisante et épaisse, elle est très bosselée et en forme de soucoupe. Sa couleur varie de jaune à verdâtre et montre une marge irrégulière vert foncé.

**FLEUR**

De forme tubulaire, elle pousse sur une tige florale de 50,8 cm (20 po), elle est violette et s'épanouit en juin.

**COMMENTAIRES**

Ce hosta, une mutation de *H.* 'Zounds', résiste aux limaces. Ses feuilles ne brûlent pas au soleil et sa croissance est lente.

## *H.* 'Dixie Chick'

Introduit par Tony Avent, en Caroline du Nord, en 1999
Classification : V-4B

**PLANT**

45,7 cm (18 po) de diamètre • 10,2 cm (4 po) de hauteur
En forme de dôme dense érigé

**FEUILLE**

17,8 cm (7 po) de longueur • 14 cm (5 ½ po) de largeur
De forme élancée et légèrement ondulée, elle est plutôt épaisse et luisante.
Elle est verte avec une mince marge blanc crème éclaboussée de plusieurs taches vertes. Avec la maturité, cette marge devient plus large.

**FLEUR**

De forme tubulaire, elle apparaît sur une tige florale de 55,9 cm (22 po), elle est de couleur lavande pâle et s'ouvre en août.

**COMMENTAIRES**

Ce hosta provient d'un croisement entre *H.* 'Masquerade' et de *H.* 'Invincible', et résiste aux limaces.

# H. 'Dragon Wings'

Enregistré par W. LaFever en 1996
Classification : I-1

### PLANT

152 cm (60 po) de diamètre • 61 cm (24 po) de hauteur
En forme de dôme dense semi-érigé

### FEUILLE

45,7 cm (18 po) de longueur • 27,9 cm (11 po) de largeur
De forme ovale, elle est légèrement luisante sur les deux faces et sa marge est très ondulée.
Ses veines sont proéminentes et ses pointes sont orientées vers le bas. Elle est de couleur
vert moyen.

### FLEUR

De forme tubulaire, elle se dresse sur une tige florale de 152 cm (60 po), elle est de couleur
lavande pâle et s'épanouit de la mi-juillet à la mi-août.

### COMMENTAIRES

Ce hosta, résultat d'un croisement entre le *H. montana* et le *H.* 'Fortunei', est très nouveau.
Si vous réussissez à vous le procurer, vous pourrez vous en servir en guise d'arrière-plan. Sa
croissance est moyenne et il résiste bien aux limaces.

## H. 'Dust Devil'

Enregistré par Q & Z Nursery et Mark Zilis en 1999
Classification : III-4B

**PLANT**

122 cm (48 po) de diamètre • 61 cm (24 po) de hauteur
En forme de dôme dense semi-érigé

**FEUILLE**

22,9 cm (9 po) de longueur • 17,8 cm (7 po) de largeur
De forme ovale, assez épaisse, légèrement luisante et pointue, elle possède une marge moyennement ondulée. Elle est vert foncé et marquée d'une large bordure chartreuse devenant crème au milieu de l'été. Elle offre un magnifique contraste de couleurs.

**FLEUR**

De forme tubulaire, elle se dresse sur une tige florale de 152 cm (60 po), elle est de couleur lavande pâle et s'épanouit de la mi-juillet à la mi-août.

**COMMENTAIRES**

Ce hosta est un sport de H. 'Whirlwind' dont les couleurs sont inversées. Sa croissance est rapide et il offre une bonne résistance aux limaces.

## *H.* 'El Capitan'

Enregistré par William et Eleanor Lachman, au Massachusetts, en 1987
Classification : II-5B

**PLANT**

107 cm (42 po) de diamètre • 61 cm (24 po) de hauteur
En forme de dôme évasé

**FEUILLE**

22,9 cm (9 po) de longueur • 26,7 cm (10 ½ po) de largeur
De forme légèrement arrondie, elle est épaisse avec des veines assez proéminentes. Son centre est vert foncé et sa marge irrégulière est jaune crème, presque chartreuse.

**FLEUR**

En forme de clochette, elle pousse sur une tige florale de 88,9 cm (35 po), elle est lavande, presque blanche, et éclôt de la fin de juin au début d'août.

**COMMENTAIRES**

Ce hosta, un hybride de *H.* 'Beatrice' qui tolère le soleil, a une croissance rapide et résiste aux limaces. Placé dans un endroit éclairé, ses feuilles seront plus cendrées. Sa marge passera du crème au jaune plus foncé. Ces changements de couleurs seront plus évidents lorsque le plant ira vers sa maturité.

## H. 'Elisabeth'

Enregistré par K. J. W. Hensen, aux Pays-Bas, en 1983
Classification : III-1

**PLANT**

96,5 cm (38 po) de diamètre • 66 cm (26 po) de hauteur
En forme de dôme dense évasé

**FEUILLE**

22,9 cm (9 po) de longueur • 12,7 cm (5 po) de largeur
Elle est plutôt ovale avec la pointe orientée vers le haut et sa marge est légèrement ondu-lée. Elle est vert pâle et colorée de plusieurs tons de vert en début de saison. Plus tard, elle sera d'un vert uniforme.

**FLEUR**

En forme de clochette, elle se dresse sur une tige florale de 96,5 cm (38 po), elle est violette et éclôt à la fin de juillet. C'est le hosta dont la fleur est la plus foncée et il est florifère.

**COMMENTAIRES**

Ce hosta est à son plus beau au début de la saison, quand les différents tons de vert se voient sur la feuille. Étant donné qu'il devient un hosta banal en fin de saison, il faut le planter dans un endroit où un autre centre d'intérêt saura attirer les regards. Sa croissance est rapide et il se multiplie rapidement. Il résiste aux limaces.

## *H.* 'Elizabeth Campbell'

Enregistré par la British Hostas and Hemerocallis Society en 1988
Classification : III-8

**PLANT**

91,4 cm (36 po) de diamètre • 61 cm (24 po) de hauteur
En forme de dôme dense évasé

**FEUILLE**

30,5 cm (12 po) de longueur • 15,2 cm (6 po) de largeur
En forme de cœur, assez élancée, elle est jaunâtre et sa large marge est verte. Plus tard en saison, elle sera d'un vert uniforme.

**FLEUR**

En forme de clochette, elle pousse sur une tige florale de 96,5 cm (38 po), elle est violette et s'ouvre en juillet.

**COMMENTAIRES**

Voici un autre hosta qui est à son plus beau au début de la saison, quand les différents tons de couleurs sont visibles sur la feuille. Étant donné qu'il devient banal en fin de saison, il est bon de le planter dans un endroit où un autre centre d'intérêt saura attirer les regards. Sa croissance est rapide et il se multiplie rapidement. Il a les mêmes habitudes de croissance que *H.* 'Sharmon'.

# *H.* 'Elvis Lives'

Enregistré par Tony Avent, en Caroline du Nord, en 1995
Classification : III-2

**PLANT**

122 cm (48 po) de diamètre • 63,5 cm (25 po) de hauteur
En forme de dôme dense assez évasé

**FEUILLE**

27,9 cm (11 po) de longueur • 11,4 cm (4 ½ po) de largeur
Elle est de forme très élancée, luisante sur le dessus, plutôt épaisse et légèrement froissée.
Elle est bleu suède et sa couleur pâlit durant l'été.

**FLEUR**

De forme tubulaire, elle se dresse sur une tige florale de 55,9 cm (22 po), elle est de couleur
lavande et s'ouvre en juillet.

**COMMENTAIRES**

Ce hosta provient d'un croisement entre *H.* 'Peter Pan' avec *H.* 'Green Fountain'. De croissance
moyenne, il semble bien résister aux limaces. Il est encore plus beau après quelques années
de croissance.

## *H.* 'Emerald Tiara'

Enregistré par Walters Gardens, au Michigan, en 1988
Classification : IV-6B

### PLANT

50,8 cm (20 po) de diamètre • 40,6 cm (16 po) de hauteur

### FEUILLE

11,4 cm (4 ½ po) de longueur • 7,6 cm (3 po) de largeur
Elle est de forme ovale, presque en cœur, luisante sur le dessus, épaisse et légèrement frois-sée. Elle est jaune et devient chartreuse avec l'âge (viridescent) et sa mince marge irrégulière est vert foncé.

### FLEUR

En forme de clochette, elle se dresse sur une tige florale de 76,2 cm (30 po), elle est de cou-leur pourpre et éclôt en juillet. La plante est florifère.

### COMMENTAIRES

Issu d'une mutation de *H.* 'Golden Scepter', de croissance moyenne, ce hosta a les couleurs inversées de *H.* 'Golden Tiara'.

# *H.* 'Fan Dance'

Enregistré par Ralph H. Benedict, au Michigan, en 1987
Classification : III-6B

**PLANT**

38,1 cm (15 po) de diamètre • 30,5 cm (12 po) de hauteur
En forme de vase très symétrique

**FEUILLE**

17,8 cm (7 po) de longueur • 10,2 cm (4 po) de largeur
Elle est assez épaisse, en forme de cœur très allongé et ressemble à *H.* 'Janet'. Elle est d'abord de couleur chartreuse avec une légère marge irrégulière vert foncé et devient presque blanche en saison (albescent).

**FLEUR**

En forme de clochette, elle se dresse sur une tige florale de 43,2 cm (17 po), elle est d'une couleur lavande qui devient presque blanche, et s'ouvre à la mi-juillet.

**COMMENTAIRES**

Résultat d'une mutation de *H.* 'Dorothy', ce hosta jouit d'une croissance moyenne. Ses couleurs auront un aspect délavé au soleil.

144

## *H.* 'Fire And Ice'

Enregistré par Hanson et Shady Oaks en 1999
Classification : IV-6A

**PLANT**

25,4 cm (10 po) de diamètre • 38,1 cm (15 po) de hauteur
En forme de vase érigé

**FEUILLE**

15,2 cm (6 po) de longueur • 10,2 cm (4 po) de largeur
Plutôt épaisse, elle est en forme de cœur très allongé, et légèrement ondulée. Son centre est
blanc et sa marge est vert foncé.

**FLEUR**

En forme de clochette, elle se dresse sur une tige florale de 66 cm (26 po), elle est de couleur lavande, presque blanche, et s'épanouit à la fin d'août.

**COMMENTAIRES**

Mutation de *H.* 'Patriot', ce hosta a besoin de plus d'une année pour s'établir et sa croissance
est lente. C'est le soleil du matin qui lui donnera sa vigueur, mais il n'aime pas le plein soleil.
Il tolère les sols humides et s'adapte bien à la culture en contenant. Ses nouvelles feuilles
attirent les limaces, mais dès qu'elles épaississent, les petites bêtes s'éloignent.

## *H.* 'Formal Attire'

Enregistré par Kevin C. Vaughn, en Ohio, en 1988
Classification : III-4B

**PLANT**

88,9 cm (35 po) de diamètre • 76,2 cm (30 po) de hauteur
En forme de vase très élargi

**FEUILLE**

25,4 cm (10 po) de longueur • 17,8 cm (7 po) de largeur
Elle est assez épaisse, de forme arrondie et légèrement rugueuse. Plusieurs adoptent la forme d'une soucoupe. De couleur bleu vert foncé, elle possède une large marge jaune crème qui devient blanche.

**FLEUR**

En forme de clochette, se dressant sur une tige florale de 96,5 cm (38 po), elle est de couleur lavande, presque blanche, et s'ouvre à la mi-juillet.

**COMMENTAIRES**

Ce hosta provient d'un croisement entre *H.* 'Breeders Choice' et *H.* 'Frances Williams'. À cause de sa forme très évasée, il faut éviter d'enlever des feuilles, car cela altère son apparence. D'une croissance moyenne, il résiste aux limaces.

## *H.* 'Fortunei Albopicta'

Enregistré par Hylander et l'American Hosta Society en 1987
Classification : III-8

**PLANT**

114 cm (45 po) de diamètre • 66 cm (26 po) de hauteur
En forme de vase très élargi

**FEUILLE**

27,9 cm (11 po) de longueur • 15,2 cm (6 po) de largeur
En forme de cœur, très allongée, elle est jaune doré et possède une mince marge vert foncé.
Tout le feuillage devient vert au cours de la saison (viridescent).

**FLEUR**

En forme de clochette, elle se dresse sur une tige florale de 102 cm (40 po), elle est de couleur lavande, presque blanche, et éclôt en août.

**COMMENTAIRES**

Ce hosta à croissance rapide, découvert dans les années 1950, est un bon spécimen à cultiver dans un contenant. Il est plus éclatant en début de saison, surtout s'il est en compagnie de bulbes printaniers. Il tolère le soleil et résiste aux limaces.

## *H.* 'Fortunei Hyacinthina'

Enregistré par Hylander, au Tennessee, en 1954
Classification : III-1

**PLANT**

137 cm (54 po) de diamètre • 61 cm (24 po) de hauteur
En forme de dôme compact

**FEUILLE**

25,4 cm (10 po) de longueur • 20,3 cm (8 po) de largeur
De forme légèrement ovale, presque en cœur, elle est un peu luisante sur le dessus, mais mate en dessous et en forme de soucoupe. Ses veines sont encavées. Elle est vert gris et une mince ligne blanche en dessine le contour. À l'automne, elle devient vert olive.

**FLEUR**

En forme d'entonnoir, elle se dresse sur une tige florale de 96,5 cm (38 po), et elle est de couleur lavande, presque bleue. Elle s'épanouit de la fin juillet à la mi-août et est très odorante. Ce hosta est florifère.

**COMMENTAIRES**

Ce hosta qui peut se planter partout au jardin est d'une couleur qui lui confère une allure tropicale. Il tolère bien le soleil et formera rapidement un beau plant. Son feuillage est magnifique à l'automne. Il ravira tous les débutants.

148

## H. 'Fragrant Blue'

Enregistré par Paul Aden, à New York, en 1988
Classification : IV-2

**PLANT**

30,5 cm (12 po) de diamètre • 20,3 cm (8 po) de hauteur
En forme de dôme compact

**FEUILLE**

12,7 cm (5 po) de longueur • 7,6 cm (3 po) de largeur
Plutôt épaisse, elle a à peu près la forme d'un cœur, légèrement pointue à ses extrémités. Elle est bleu vert, couleur devenant plus bleutée au cours de la saison.

**FLEUR**

En forme d'entonnoir, elle pousse sur une tige florale de 50,8 cm (20 po), elle est de couleur blanche tournant presque au bleu. Elle est très odorante et s'ouvre de la fin juin à la mi-juillet.

**COMMENTAIRES**

Hosta à la croissance rapide, il possède des gènes de *H. plantaginea*. Il résiste aux limaces et tolère jusqu'à cinq heures d'ensoleillement.

## *H.* 'Fragrant Bouquet'

Enregistré par Paul Aden, à New York, en 1982
Classification : III-4A

**PLANT**

65,6 cm (26 po) de diamètre • 45,7 cm (18 po) de hauteur
En forme de dôme compact

**FEUILLE**

15,2 cm (6 po) de longueur • 11,4 cm (4 ½ po) de largeur
En forme de cœur très arrondi, elle montre une légère ondulation. Elle est vert pâle avec des portions de jaune et de blanc.

**FLEUR**

En forme d'entonnoir, elle se dresse sur une tige florale de 91,4 cm (36 po), et elle est blanche. Très odorante, elle s'ouvre de la mi-juillet au début d'août. Ce plant est florifère.

**COMMENTAIRES**

Issu d'un croisement entre *H.* 'Fascination' et *H.* 'Fragrant Summer', ce hosta croît rapidement et tolère le soleil. Il a été choisi « hosta de l'année » en 1998. Il offre une bonne résistance aux limaces et est très odorant.

150

## H. 'Fragrant Gold'

Enregistré par Paul Aden, à New York, en 1982
Classification : II-3

**PLANT**

55,9 cm (22 po) de diamètre • 35,6 cm (14 po) de hauteur
En forme de dôme dense

**FEUILLE**

30,5 cm (12 po) de longueur • 25,4 cm (10 po) de largeur
De forme très allongée, elle montre une surface légèrement ondulée. Elle est jaune foncé, presque verte en début de saison, et devient plus dorée à la fin de l'été.

**FLEUR**

En forme d'entonnoir, elle est portée par une tige florale de 88,9 cm (35 po), elle est blanche et éclôt de la mi-août à la mi-septembre. Elle est très odorante.

**COMMENTAIRES**

Hybride de H. 'Sum and Substance', ce hosta à fleurs odorantes aime bien le soleil. Son feuillage reste jaune jusqu'à la fin de l'été. Il peut atteindre des dimensions de 135 cm (53 po) de diamètre.

## *H.* 'Francee'

Enregistré par Minnie Klopping en 1986
Classification : III-4B

**PLANT**

114 cm (45 po) de diamètre • 45,7 cm (18 po) de hauteur
En forme de dôme très compact

**FEUILLE**

22,9 cm (9 po) de longueur • 15,2 cm (6 po) de largeur
En forme de cœur, presque ovale, très rugueuse, elle prend la forme d'une soucoupe. Elle est vert foncé avec une marge de 1,3 cm (½ po) crème qui devient blanche.

**FLEUR**

De forme tubulaire, elle pousse sur une tige florale de 61 cm (24 po), elle est de couleur lavande et s'ouvre en août.

**COMMENTAIRES**

Ce hosta dont la croissance est assez rapide doit être divisé tous les trois ou quatre ans. Il se multiplie bien, mais il est lent à sortir de terre au printemps. Son feuillage reste beau tout l'été et il se cultive bien en contenant. Offrant une bonne résistance aux limaces, c'est un des hostas les plus faciles à cultiver.

## H. 'Frances Williams'

 Enregistré par F. Williams et C. Williams, au Massachusetts, en 1986
Classification : II-5B

**PLANT**

91,4 cm (36 po) de diamètre • 45,7 cm (18 po) de hauteur
En forme de dôme très compact

**FEUILLE**

30,5 cm (12 po) de longueur • 25,4 cm (10 po) de largeur
En forme de cœur, presque ronde et très rugueuse, elle est bleutée et marquée d'une large
bordure jaune doré.

**FLEUR**

De forme tubulaire, elle se dresse sur une tige florale de 76,2 cm (30 po), elle est blanche et
s'épanouit de la fin de juin jusqu'au mois d'août.

**COMMENTAIRES**

Mutation de *H. sieboldiana* 'Elegans', ce hosta doit absolument être placé dans un endroit
très ombragé si on ne veut pas que ses feuilles soient tachées de rouille. Ce phénomène est
dû au manque d'humidité qui cause une déshydratation de ses cellules. Toutefois le soleil du
matin améliorera sa couleur et activera sa croissance, qui est lente. Grâce à l'épaisseur de ses
feuilles il résiste efficacement aux limaces. Ce hosta, très joli avec des fougères, est toujours
en tête des concours de popularité.

## *H.* 'Fried Bananas'

Introduit par R. Solberg, en Caroline du Nord, en 1994
Classification : III-3

**PLANT**

45,7 cm (18 po) de diamètre • 25,4 cm (10 po) de hauteur
En forme de dôme semi-érigé

**FEUILLE**

20,3 cm (8 po) de longueur • 15,2 cm (6 po) de largeur
En forme de cœur légèrement allongé, sa surface est lisse et luisante et ses veines sont proéminentes. Elle est jaune chartreuse, une couleur qui s'intensifie au soleil.

**FLEUR**

De forme tubulaire, elle se dresse sur une tige florale de 81,3 cm (32 po), elle est de couleur lavande, presque blanche, et s'ouvre de la mi-juillet à la mi-août.

**COMMENTAIRES**

Ce hosta, un sport de *H.* 'Guacamole', croît rapidement et sa tolérance à la chaleur et au soleil en fait un excellent sujet. Les limaces l'évitent et sa fleur est odorante.

154

Son bouton floral ressemble à une nouvelle feuille.

## *H.* 'Fried Green Tomatoes'

Enregistré par R. Solberg, en Caroline du Nord, en 1995
Classification : III-1

### PLANT

45,7 cm (18 po) de diamètre • 25,4 cm (10 po) de hauteur
En forme de dôme dense semi-érigé

### FEUILLE

20,3 cm (8 po) de longueur • 15,2 cm (6 po) de largeur
En forme de cœur, presque ovale, elle a une marge lisse. Prenant une apparence mate au printemps, elle devient plus luisante en saison. Ses veines sont proéminentes. Elle est vert foncé et prend une couleur encore plus foncée durant la saison.

### FLEUR

De forme tubulaire, elle se dresse sur une tige florale de 88,9 cm (35 po), elle est presque blanche et éclôt de la fin de juillet au début d'août. Elle est très odorante.

### COMMENTAIRES

Ce hosta est un sport de *H.* 'Guacamole' dont la croissance est moyenne. Il tolère le soleil, surtout si on prend soin de lui donner du paillis. Il tolère les températures chaudes, pousse bien dans les plates-bandes à l'ombre et se cultive aussi en contenant. Il offre une bonne résistance aux limaces.

155

## *H.* 'Fringe Benefit'

Introduit par Paul Aden en 1986
Classification : II-4B

**PLANT**

91,4 cm (36 po) de diamètre • 61 cm (24 po) de hauteur
En forme de dôme érigé

**FEUILLE**

23 cm (9 po) de longueur • 17,8 cm (7 po) de largeur
Elle est épaisse, en forme de cœur élancé et est très bosselée. Elle est bleu vert avec une mince marge irrégulière crème.

**FLEUR**

En forme de clochette, elle se dresse sur une tige florale de 66 cm (26 po), elle est de couleur lavande et s'ouvre tard en septembre. C'est un plant florifère.

**COMMENTAIRES**

Ce hosta tolère tous les types d'ensoleillement, croît rapidement et offre une bonne résistance aux limaces.

## *H.* 'Frosted Jade'

Enregistré par Lillian Maroushek, au Minnesota, en 1978
Classification : II-4B

**PLANT**

91,4 cm (36 po) de diamètre • 66 cm (26 po) de hauteur
En forme de dôme érigé

**FEUILLE**

30,5 cm (12 po) de longueur • 22,9 cm (9 po) de largeur
Elle est en forme de cœur allongé, ses veines sont proéminentes et sa marge est légèrement dentelée. Sur un plant mature, on peut voir une légère ondulation à la surface ainsi qu'une pruine, une fine pellicule cireuse, comme celle qu'on voit sur les hostas bleus. Elle est vert jade et sa large bordure est crème, presque blanche.

**FLEUR**

En forme d'entonnoir, elle se dresse sur une tige florale de 76,2 cm (30 po), elle est de couleur lavande pâle et éclôt au mois de juillet.

**COMMENTAIRES**

Cet hosta de croissance moyenne préfère les endroits ombragés. Le soleil entraîne l'évaporation de la pruine et brûle ses feuilles. Son port horizontal en fait un magnifique couvre-sol.

# H. 'Garden Treasure'

Enregistré par J. Schwartz en 1997
Classification : III-5B

**PLANT**

76,2 cm (30 po) de diamètre • 61 cm (24 po) de hauteur
En forme de dôme érigé

**FEUILLE**

24,1 cm (9 ½ po) de longueur • 16,5 cm (6 ½ po) de largeur
Elle est ronde, presque ovale, épaisse, très bosselée, et prend la forme d'une soucoupe. Elle est bleu vert avec une très large marge jaune doré.

**FLEUR**

En forme de clochette, elle s'épanouit sur une tige florale de 61 cm (24 po), elle est de couleur lavande, presque blanche, et éclôt en juillet.

**COMMENTAIRES**

Ce hosta dont la croissance est rapide est un sport de H. 'Treasure'. Son feuillage ne brûle pas l'été et il résiste aux limaces. C'est un magnifique sujet pour planter en arrière-plan.

160

Photo pages 158-159 : À Cowansville, ce jardinier a plus d'une centaine de hostas, et ce, depuis plusieurs années. (H.H.)

## H. 'Geisha'

Enregistré par Kevin C. Vaughn en 1983
Classification : IV-6A

**PLANT**

91,4 cm (36 po) de diamètre • 45,7 cm (18 po) de hauteur
En forme de dôme érigé

**FEUILLE**

19 cm (7 ½ po) de longueur • 7,6 cm (3 po) de largeur
Elle est élancée, légèrement ondulée et sa surface est luisante. Son centre est blanc crème
et sa marge est verte et très foncée.

**FLEUR**

En forme de clochette, elle se dresse sur une tige florale de 25,4 cm (10 po), elle est d'un
pourpre pâle et s'ouvre en juillet.

**COMMENTAIRES**

Ce hosta tolère toutes les sortes d'ensoleillement et sa croissance est moyenne. Il est le
centre d'attraction d'un jardin et se cultive également très bien en pot.

# H. 'Ginko Craig'

Enregistré par Craig, Summers et l'American Hosta Society en 1986
Classification : IV-4B

**PLANT**

61 cm (24 po) de diamètre • 25,4 cm (10 po) de hauteur
En forme de dôme légèrement érigé

**FEUILLE**

15,9 cm (6 1/4 po) de longueur • 5,7 cm (2 1/4 po) de largeur
Elle est ovale, très élancée et légèrement ondulée. Elle est de couleur vert foncé et montre
une légère marge blanche en son centre.

**FLEUR**

En forme d'entonnoir, elle pousse sur une tige florale de 45,7 cm (18 po), elle est de couleur
pourpre moyen et éclôt de la mi-août à la mi-septembre.

**COMMENTAIRES**

Ce hosta très populaire est très polyvalent et crée de belles bordures. On peut facilement le
diviser et il tolère l'ensoleillement. Ses feuilles sont différentes selon qu'il est jeune ou qu'il
a atteint sa maturité (4 à 6 ans). On peut conserver à ses feuilles leur aspect jeune en divisant
souvent la plante.

## *H.* 'Glory'

Enregistré par Robert P. Savory, au Minnesota, en 1985
Classification : III-3

**PLANT**

61 cm (24 po) de diamètre • 27,9 cm (11 po) de hauteur
En forme de dôme dense érigé

**FEUILLE**

12,7 cm (5 po) de longueur • 12,7 cm (5 po) de largeur
En forme de cœur arrondi, sa couleur varie entre le jaune et le chartreuse tandis que ses veines sont vertes.

**FLEUR**

En forme d'entonnoir, elle se dresse sur une tige florale de 48,3 cm (19 po), elle est de couleur lavande pâle et s'épanouit en juin et en juillet.

**COMMENTAIRES**

Hybride de *H.* 'August Moon', ce hosta à croissance moyenne a tendance à se multiplier autour du plant principal.

## *H.* 'Gold Drop'

Enregistré par Kenneth A. Anderson, au Minnesota, en 1977
Classification : IV-3

### PLANT

35,6 cm (14 po) de diamètre • 20,3 cm (8 po) de hauteur
En forme de dôme dense

### FEUILLE

7,6 cm (3 po) de longueur • 6,3 cm (2 ½ po) de largeur
Elle est ovale, presque en forme de cœur, et légèrement pointue. Sa couleur va de chartreuse
à jaune doré.

### FLEUR

En forme de clochette, elle pousse sur une tige florale de 38,1 cm (15 po), elle est de couleur
lavande et s'ouvre de la mi-juin à la mi-juillet. Ce hosta est florifère.

### COMMENTAIRES

Hybride de *H. venusta,* ses couleurs seront plus éclatantes au soleil. De croissance rapide,
c'est une belle plante lumineuse en bordure. De plus ce hosta résiste aux limaces et se cultive bien dans une rocaille ou un jardin alpin.

# *H.* 'Gold Edger'

Enregistré par Paul Aden, à New York, en 1978
Classification : IV-3

**PLANT**

96,5 cm (38 po) de diamètre • 38,1 cm (15 po) de hauteur
En forme de dôme un peu érigé

**FEUILLE**

12,7 cm (5 po) de longueur • 10,2 cm (4 po) de largeur
Elle a la forme d'un cœur très arrondi et est vert lime devenant plus verdâtre lorsque la plante
est cultivée à l'ombre.

**FLEUR**

En forme d'entonnoir, elle se dresse sur une tige florale de 45,7 cm (18 po), elle est blanche
et s'ouvre de la mi-juillet au début d'août.

**COMMENTAIRES**

Issu d'un croisement entre *H.* 'Blue Cadet' et un bébé de *H.* 'Gold Edger' recroisé avec la plante
mère, c'est un beau sujet en bordure. Ce hosta, qui résiste bien aux limaces, peut facilement
être divisé et tolère l'ensoleillement. Il est très vigoureux et d'une croissance rapide. Deux
types de *H.* 'Gold Edger' de dimensions différentes sont vendus sur le marché.

## H. 'Gold Standard'

Enregistré par Pauline Banyai, au Michigan, en 1976
Classification : III-6B

### PLANT
91,4 cm (36 po) de diamètre • 43,2 cm (17 po) de hauteur
En forme de dôme dense

### FEUILLE
20,3 cm (8 po) de longueur • 12,7 cm (5 po) de largeur
Très épaisse et plutôt pointue, elle est en forme de cœur très allongée. Elle sera bosselée à maturité. Les nouvelles feuilles à la base se replient sur le pétiole. Lorsqu'elle sort de terre, elle est vert chartreuse et devient jaune crème, marquée d'une marge d'un vert foncé qui varie d'intensité.

### FLEUR
En forme de clochette, elle se dresse sur une tige florale de 45,7 cm (18 po), elle est de couleur lavande rosé et éclôt de la mi-juillet à la mi-août.

### COMMENTAIRES
Mutation de H. 'Fortunei', ses couleurs seront plus belles au soleil, mais il faut s'attendre à ce que ses feuilles brûlent. Il faut donc planter ce hosta dans un terrain où il y a le soleil du matin et la mi-ombre. Il sort très tard au printemps, mais sa croissance est rapide. Il est lutescent, c'est-à-dire que ses feuilles passent du vert au jaune. Ce hosta très populaire fait une très belle plante vedette, mais il a aussi belle apparence en bordure. Il apportera une touche magique au côté ombragé d'un bassin d'eau.

## H. 'Golden Sunburst'

Enregistré par Mervin Eisel en 1984
Classification : II-3

**PLANT**

91,4 cm (36 po) de diamètre • 43,2 cm (17 po) de hauteur
En forme de dôme dense

**FEUILLE**

30,5 cm (12 po) de longueur • 25,4 cm (10 po) de largeur
Très épaisse, en forme de cœur arrondi, elle est bosselée et ondulée, et ses veines sont plu-tôt proéminentes. Elle est jaune doré.

**FLEUR**

En forme de clochette, elle se dresse sur une tige florale de 76,2 cm (30 po), elle est blanche et s'ouvre du début de juillet à la mi-août.

**COMMENTAIRES**

Mutation de H. 'Frances Williams', ce hosta lui ressemble en tous points, mais il est de cou-leur dorée. Même s'il tolère très bien le soleil, ses feuilles auront tendance à brûler, et cela même à l'ombre. D'une croissance moyenne, il résiste bien aux limaces et offre un beau con-traste dans les plates-bandes à l'ombre.

## *H.* 'Golden Tiara'

Enregistré par Robert P. Savory, au Minnesota, en 1984.
Classification : IV-5B

### PLANT

30,5 cm (12 po) de diamètre • 12,7 cm (5 po) de hauteur
En forme de dôme dense

### FEUILLE

7,6 cm (3 po) de longueur • 5,7 cm (2 ¼ po) de largeur
Très épaisse, en forme de cœur arrondi, elle est bosselée et ondulée, et ses veines sont plutôt proéminentes. Elle est verte avec une large marge chartreuse et blanche. Plus tard en saison, elle sera plus jaune (lutescent).

### FLEUR

En forme de clochette, se dressant sur une tige florale de 55,9 cm (22 po), elle est de couleur lavande et s'épanouit tout l'été. Ce hosta est florifère.

### COMMENTAIRES

Hybride de *H. nakaiana*, ce hosta à croissance rapide tolère l'ensoleillement. Il se cultive bien comme plante vedette ou planté en bordure.

## H. 'Granary Gold'

Enregistré par Eric B. Smith en 1988
Classification : III-8

**PLANT**

152 cm (60 po) de diamètre • 50,8 cm (20 po) de hauteur
En forme de dôme dense

**FEUILLE**

22,9 cm (9 po) de longueur • 14 cm (5 ½ po) de largeur
Très épaisse, en forme de cœur allongé, ses pointes sont aussi très allongées. De couleur jaune luisant en début de saison, elle devient verte au mois d'août.

**FLEUR**

En forme de clochette, elle pousse sur une tige florale de 61 cm (24 po), elle est de couleur lavande et s'ouvre au milieu de l'été.

**COMMENTAIRES**

Hybride de H. 'Fortunei Aurea', ce hosta très éclatant tolère le soleil.

# *H.* 'Grand Master'

Enregistré par Paul Aden, à New York, en 1986
Classification : III-4B

**PLANT**

61 cm (24 po) de diamètre • 50,8 cm (20 po) de hauteur
En forme de dôme

**FEUILLE**

30,5 cm (12 po) de longueur • 23,5 cm (9 ¹⁄₄ po) de largeur
En forme de cœur, légèrement ondulée, elle a une surface rugueuse et épaisse. Elle est bleu vert et sa marge légère est irrégulière et blanche.

**FLEUR**

En forme d'entonnoir, elle se dresse sur une tige florale de 66 cm (26 po), elle est de couleur lavande pâle et la floraison qui débute à la mi-juillet dure tout le mois d'août. La floraison sera plus abondante au soleil.

**COMMENTAIRES**

Ce hosta offre une bonne résistance aux limaces et tolère tous les endroits ensoleillés. Sa croissance varie d'un individu à l'autre, parfois moyenne, parfois rapide. On en a déjà vu ayant un diamètre de 142 cm (56 po).

## *H.* 'Grand Tiara'

Enregistré par Ali Pollock en 1991
Classification : III-4B

**PLANT**

55,9 cm (22 po) de diamètre • 35,6 cm (14 po) de hauteur
En forme de dôme érigé

**FEUILLE**

10,2 cm (4 po) de longueur • 6,3 cm (2 ½ po) de largeur
En forme de cœur arrondi, elle est plutôt épaisse. Son centre est vert foncé et le reste chartreuse. La largeur de sa marge varie au cours de la saison.

**FLEUR**

En forme de clochette, elle pousse sur une tige florale de 81,3 cm (32 po), elle est de couleur
pourpre et s'épanouit tout le mois de juillet.

**COMMENTAIRES**

Mutation de *H.* 'Golden Tiara', ce hosta offre une bonne résistance aux limaces et sa croissance est parfois moyenne, parfois rapide.

## H. 'Great Expectations'

Enregistré par Paul Aden, à New York, en 1988
Classification : III-6B

**PLANT**

83,8 cm (33 po) de diamètre • 55,9 cm (22 po) de hauteur
En forme de dôme

**FEUILLE**

15,2 cm (6 po) de longueur • 11,4 cm (4 ½ po) de largeur
En forme de cœur arrondi, elle est ondulée et bosselée, et sa texture très épaisse est luisante. Son centre est chartreuse et sa marge très large et irrégulière est de couleur bleu vert. À la fin de la saison, son centre devient crème.

**FLEUR**

En forme de trompette, elle pousse sur une tige florale de 83,8 cm (33 po), elle est presque blanche et éclôt de la fin de juin à la mi-août. C'est un plant florifère.

**COMMENTAIRES**

Mutation de *H. sieboldiana* 'Elegans', ce hosta tolère le soleil du matin. Pour éviter que ses feuilles ne brûlent, il faut le planter à la mi-ombre. Grâce à l'épaisseur de ses feuilles, il offre une bonne résistance aux limaces. Sa croissance est lente, mais la beauté de la plante récompense l'attente. Ce hosta étant plus fragile que d'autres, il a besoin d'une bonne protection de paillis pour l'hiver. Dans un jardin, il attire fièrement l'attention et, planté à côté de *H.* 'Halcyon', il fera certainement un malheur. Certains plants atteignent jusqu'à 142 cm (56 po) de largeur.

172

## *H.* 'Ground Master'

Enregistré par Paul Aden, à New York, en 1979
Classification : IV-4B

**PLANT**

30,5 cm (12 po) de diamètre • 17,8 cm (7 po) de hauteur
En forme de dôme dense

**FEUILLE**

20,3 cm (8 po) de longueur • 6,3 cm (2 ½ po) de largeur
Plutôt épaisse et élancée, assez rugueuse, elle a un peu la forme d'une soucoupe et sa marge
est légèrement ondulée. Elle est vert foncé et sa large marge irrégulière crème deviendra
blanche à la fin de la saison.

**FLEUR**

En forme d'entonnoir, elle se dresse sur une tige florale de 40,6 cm (16 po), elle est de couleur pourpre et s'épanouit à la fin de juillet. C'est un hosta florifère.

**COMMENTAIRES**

Issu d'un croisement entre *H.* 'Yellow Splash' et *H.* 'Neat Splash', ce hosta se propage par stolons. Il est donc efficace pour bloquer l'érosion des pentes d'un terrain. Mais il faut veiller à
ce qu'il ne se propage pas dans toutes les plates-bandes. Il tolère autant l'ombre que le soleil
et croît rapidement même dans les endroits plus arides.

## *H.* 'Guacamole'

Enregistré par R. Solberg, en Caroline du Nord, en 1994
Classification : III-6B

**PLANT**

45,7 cm (18 po) de diamètre • 25,4 cm (10 po) de hauteur
En forme de dôme érigé

**FEUILLE**

20,3 cm (8 po) de longueur • 15,2 cm (6 po) de largeur
Ronde, légèrement repliée, elle est luisante sur le dessus et le dessous et ses veines sont proéminentes. Son centre est vert lime et sa marge vert foncé.

**FLEUR**

En forme d'entonnoir, elle se dresse sur une tige florale de 86,4 cm (34 po), elle est de couleur lavande pâle et s'ouvre de la mi-juillet à la mi-août. Elle est très odorante.

**COMMENTAIRES**

Ce hosta est un sport de *H.* 'Fragrant Bouquet' dont la croissance est rapide et qui pousse
aussi bien en pleine terre qu'en contenant. Il aime le soleil du matin. Ses couleurs seront plus
intenses s'il jouit de plus de lumière. À l'automne, il se pare de belles couleurs et il est l'un
des derniers à se flétrir. Il résiste efficacement aux limaces. Certains individus ont atteint jusqu'à 137 cm (54 po) en plein soleil, et ce, en seulement quatre ans.

174

## *H.* 'Guardian Angel'

Enregistré par C. et R. Thompson, en Virginie, en 1995
Classification : I-6B

**PLANT**

91,4 cm (36 po) de diamètre • 61 cm (24 po) de hauteur
En forme de dôme dense

**FEUILLE**

40,6 cm (16 po) de longueur • 25,4 cm (10 po) de largeur
Plutôt ovale, elle est modérément froissée, mais épaisse et ses veines sont proéminentes.
Son centre est vert pâle et sa marge plutôt large et irrégulière est d'un vert plus foncé. À l'occasion, on retrouve sur sa surface de beaux bleus.

**FLEUR**

De forme tubulaire, elle se dresse sur une tige florale de 91,4 cm (36 po), elle est de couleur lavande pâle et s'ouvre à la mi-juillet. C'est un hosta florifère.

**COMMENTAIRES**

Ce hosta, un sport de *H.* 'Blue Angel', a une croissance moyenne et résiste bien aux limaces. C'est une belle plante, surtout tôt au printemps.

# *H.* 'Hadspen Blue'

Enregistré par Eric B. Smith et Peter Ruh, en Angleterre, en 1976
Classification : III-2

## PLANT

122 cm (48 po) de diamètre • 45,7 cm (18 po) de hauteur
En forme de dôme

## FEUILLE

17,8 cm (7 po) de longueur • 15,2 cm (6 po) de largeur
Lancéolée et plutôt épaisse, elle a presque la forme d'un cœur et elle est légèrement recourbée à la manière d'une soucoupe. Ses veines sont prononcées à la base et se terminent en pointe. Elle est bleu vert foncé jusqu'à la fin de juillet et devient ensuite vert foncé.

## FLEUR

En forme de clochette, elle se dresse sur une tige florale de 38,1 cm (15 po), elle est de couleur lavande, presque blanche, et s'ouvre en grappes à la fin de juillet. Elle est odorante.

## COMMENTAIRES

Hybride de *H. tardiana*, ce hosta résiste aux limaces et il est considéré comme un des plus bleus des *tardina*s. Le plant émerge du sol très tôt au printemps et sa croissance est de lente à moyenne. Après plusieurs années au même endroit, il peut atteindre des proportions incroyables. Il préfère la mi-ombre mais tolère l'ensoleillement. Dans un aménagement, il forme un bel avant-plan.

## *H.* 'Hadspen Heron'

Enregistré par Eric B. Smith et Paul Aden, en Angleterre, en 1976
Classification : III-2

**PLANT**

81,3 cm (32 po) de diamètre • 35,6 cm (14 po) de hauteur
En forme de dôme dense

**FEUILLE**

12,7 cm (5 po) de longueur • 6,3 cm (2 ½ po) de largeur
Elle est en forme de cœur allongé, épaisse, modérément ondulée et prend la forme d'une
soucoupe. La feuille est bleu vert et moins jaune au début de sa croissance.

**FLEUR**

En forme de clochette, elle se dresse sur une tige florale de 30,5 cm (12 po), elle est de couleur lavande et éclôt à la fin de juillet et au début d'août.

**COMMENTAIRES**

Ce hosta hybride de *H. tardiana* dont la croissance est lente résiste bien aux limaces. Il s'intègre
harmonieusement à une bordure ou une rocaille. Il tolère l'ensoleillement et forme un beau
contraste avec les hostas jaunes.

## H. 'Halcyon'

 Enregistré par Eric B. Smith en Angleterre, en 1988.
Classification : III-2

**PLANT**

96,5 cm (38 po) de diamètre • 53,3 cm (21 po) de hauteur
En forme de dôme

**FEUILLE**

20,3 cm (8 po) de longueur • 12,7 cm (5 po) de largeur
Ovale ou oblongue, très luisante, presque en forme de cœur, elle est assez épaisse et légèrement ondulée. Elle est bleu acier jusqu'à la fin de juillet puis devient vert foncé.

**FLEUR**

En forme de clochette, elle se dresse sur une tige florale de 66 cm (26 po), elle est lavande,
presque blanche, et s'ouvre en grappes à la fin juillet. Elle est odorante.

**COMMENTAIRES**

Hybride de *H. tardiana,* ce hosta à croissance lente offre une bonne résistance aux limaces.
De couleur bleu poudre, il convient bien aux petits jardins. Il préfère les lieux ombragés, bien
qu'il tolère le soleil. Il faut l'arroser lors des températures chaudes. Dans un jardin il paraît
bien en bordure, fait un joli couvre-sol et ne manque pas d'attrait comme plante vedette.
C'est mon hosta favori. Certains individus atteignent plus de 137 cm (54 po) de diamètre.

## H. 'Honeybells'

Enregistré par Alex Cummings en 1986
Classification : III-1

**PLANT**

127 cm (50 po) de diamètre • 66 cm (26 po) de hauteur
En forme de dôme évasé

**FEUILLE**

25,4 cm (10 po) de longueur • 16,5 cm (6 ½ po ) de largeur
Luisante, de forme ovale et élancée, elle est légèrement arquée vers le bas et ses veines sont très proéminentes. Elle est vert olive.

**FLEUR**

En forme d'entonnoir, elle se dresse sur une tige florale de 102 cm (40 po), elle est de couleur lavande très pâle. Elle est très odorante et s'épanouit du 15 juillet au 15 août.

**COMMENTAIRES**

Ce hosta tolère autant l'ombre que l'ensoleillement et c'est l'un des plus vigoureux à posséder des fleurs odorantes. H. 'Honeybells' fut le premier hosta parfumé à atteindre nos jardins et il est maintenant considéré comme un classique. Les colibris l'adorent.

## *H.* 'Hydon Sunset'

Enregistré par la British Hostas and Hemerocallis Society en 1988
Classification : IV-3

### PLANT

55,9 cm (22 po) de diamètre • 20,3 cm (8 po) de hauteur
En forme de dôme dense miniature

### FEUILLE

3,8 cm (1 ½ po) de longueur • 2,5 cm (1 po) de largeur
Elle est en forme de cœur ovale, mate avec des ondulations. Elle est de couleur jaune doré
au printemps et devient verte au cours de la saison.

### FLEUR

En forme de clochette, elle pousse sur une tige florale de 35,6 cm (14 po), elle est pourpre et
éclôt au début de juillet.

### COMMENTAIRES

Ce hosta miniature apporte une touche lumineuse au jardin. Il compose aussi une jolie bordure au feuillage jaune doré qui se révèle particulièrement attrayante au printemps. Il convient aux rocailles et se cultive bien en contenant. Toutefois, ce hosta à la croissante moyenne
nécessite l'ombre complète.

180

## *H.* Hypoleuca

Une espèce découverte par Murata en 1962
Classification : I-1

**PLANT**

66 cm (26 po) de diamètre • 35,6 cm (14 po) de hauteur
En forme de dôme évasé

**FEUILLE**

35,6 cm (14 po) de longueur • 25,4 cm (10 po) de largeur
En forme de cœur allongé, elle possède une marge légèrement ondulée. Elle est vert très foncé et le dessous de sa surface est d'un gris très pâle.

**FLEUR**

En forme d'entonnoir, elle pousse sur une tige florale de 76,2 cm (30 po), est de couleur lavande, presque blanche, et s'ouvre à la mi-juillet.

**COMMENTAIRES**

Ce hosta dont la croissance est lente tolère la mi-ombre ; s'il est planté au soleil, il exigera plus d'arrosage. Il ne produit souvent que quelques feuilles très larges, mais c'est une plante de collection. On dit qu'un plant mature n'aura que cinq à sept feuilles. Pourtant, il a déjà plus d'une dizaine de feuilles dans mon jardin. Dans la nature, il pousse sur les murs ensoleillés des canyons. La surface grise du dessous de ses feuilles le protège contre les chaleurs extrêmes ; les rayons du soleil sont absorbés par les rochers avant d'être réfléchis sur le dessous des feuilles. Dans un aménagement, il s'accommode bien des grandes fougères et s'adapte à merveille aux aménagements d'un jardin de type oriental. Il atteint parfois 119 cm (47 po) de diamètre.

Le revers de la feuille est de couleur gris argenté.

# H. 'Inniswood'

Enregistré par Inniswood Metro Garden, en Ohio, en 1993
Classification : III-6B

**PLANT**

122 cm (48 po) de diamètre • 61 cm (24 po) de hauteur
En forme de dôme érigé

**FEUILLE**

21,6 cm (8 ½ po) de longueur • 16,5 cm (6 ½ po) de largeur
En forme de cœur, bosselée et rugueuse, elle prend aussi vaguement la forme d'une soucoupe.
Son centre est chartreuse et sa marge vert foncé.

**FLEUR**

En forme d'entonnoir, elle pousse sur une tige florale de 78,7 cm (31 po), elle est de couleur
lavande pâle et éclôt tôt en juin.

**COMMENTAIRES**

Issu d'une mutation de H. 'Sun Glow', ce hosta dont la croissance est moyenne résiste aux
limaces, tolère le soleil du matin et supporte bien les périodes de grandes chaleurs. C'est un
beau spécimen qui convient particulièrement aux plates-bandes semi-ombragées.

## H. 'Invincible'

Enregistré par Paul Aden, à New York, en 1986
Classification : III-1

**PLANT**

38,1 cm (15 po) de diamètre • 25,4 cm (10 po) de hauteur
En forme de dôme dense

**FEUILLE**

20,3 cm (8 po) de longueur • 15,2 cm (6 po) de largeur
Plutôt épaisse et luisante, elle est en forme de cœur, très allongée, et sa marge est légèrement repliée. Elle est vert foncé.

**FLEUR**

En forme d'entonnoir, elle pousse sur une tige florale de 50,8 cm (20 po), elle est de couleur lavande, presque blanche, et s'épanouit de la mi-juillet à la mi-août. C'est une plante florifère et odorante.

**COMMENTAIRES**

Ce hosta tolère le soleil à condition d'être bien arrosé. Il résiste efficacement aux limaces et préfère les sols humides. D'une croissance moyenne, il devrait être planté en devanture pour bien profiter de ses fleurs parfumées.

# *H.* 'Iron Gate Delight'

Enregistré par Van M. Sellers, en Caroline du Nord, en 1981
Classification : III-7

**PLANT**

91,4 cm (36 po) de diamètre • 40,5 cm (16 po) de hauteur
En forme de dôme érigé

**FEUILLE**

17,8 cm (7 po) de longueur • 12,1 cm (4 $\frac{3}{4}$ po) de largeur
Elle est de forme ovale, luisante et allongée, et légèrement ondulée. Elle est verte et sa large marge jaune doré devient blanche durant la saison. Cette marge se déploie partout sur sa surface.

**FLEUR**

En forme de trompette, elle pousse sur une tige florale de 61 cm (24 po), elle est de couleur lavande et éclôt en juillet. Elle est odorante.

**COMMENTAIRES**

Hybride de *H. plantaginea*, ce hosta de croissance moyenne a une fleur très odorante. Lorsqu'il est jeune, le plant sera plus évasé mais deviendra érigé avec la maturité. Pour améliorer sa croissance, il est bon de le planter sous un soleil assez direct. Il tolère assez bien les coins très ensoleillés.

## *H.* 'Jade Cascade'

 Ce hosta créé par Heims n'est pas encore enregistré
Classification : II-1

**PLANT**

122 cm (48 po) de diamètre • 91,4 cm (36 po) de hauteur
En forme de dôme compact et en cascade, un peu comme un vase renversé

**FEUILLE**

53,3 cm (21 po) de longueur • 20,3 cm (8 po) de largeur
Luisante et plissée, elle est oblongue et a des veines très apparentes. Elle est de couleur vert jade.

**FLEUR**

En forme d'entonnoir, elle se dresse sur une tige florale de 86,4 cm (34 po), elle est de couleur lavande, presque blanche, et s'ouvre à la fin de juin et en juillet.

**COMMENTAIRES**

Hybride de *H. montana* 'Praeflorens' et de *H.* 'Hirao', ce hosta donne beaucoup de caractère au jardin. Planté près d'un plan d'eau, surtout si son feuillage retombe sur l'eau, il attirera les regards des visiteurs.

## *H.* 'Janet'

Enregistré par Russell O'Harra, en Iowa, en 1981
Classification : III-6B

**PLANT**

114 cm (45 po) de diamètre • 50,8 cm (20 po) de hauteur
En forme de dôme dense

**FEUILLE**

17,8 cm (7 po) de longueur • 10,2 cm (4 po) de largeur
De forme oblongue, elle prend vaguement la forme d'une soucoupe. Son centre est vert en
début de saison, puis chartreuse tandis que sa marge est vert foncé. À la fin de la saison, son
centre est presque blanc.

**FLEUR**

En forme d'entonnoir, elle se dresse sur une tige florale de 63,5 cm (25 po), elle est de couleur lavande pâle, presque blanche, et s'ouvre de la mi-juin à la fin juillet.

**COMMENTAIRES**

Mutation de *H.* 'Fortunei', ce hosta jouit d'une croissance rapide. On le reconnaît facilement,
il ressemble au *H.* 'Gold Standard', mais en plus petit. Si on le plante au soleil, ses feuilles
auront tendance à brûler et à se flétrir. Il préfère les endroits plus ombragés.

186

## *H.* 'June'

 Enregistré par NEO Plants Ltd, en Angleterre, en 1991
Classification : IV-6B

**PLANT**
76,2 cm (30 po) de diamètre • 38,1 cm (15 po) de hauteur
En forme de dôme

**FEUILLE**
15,2 cm (6 po) de longueur • 8,9 cm (3 ½ po) de largeur
En forme de cœur, elle possède une texture assez épaisse et ses nervures sont prononcées.
Son centre est jaune verdâtre avec une marge bleu vert foncé.

**FLEUR**
En forme d'entonnoir, elle pousse sur une tige florale de 40,6 cm (16 po), elle est de couleur
lavande pâle et s'épanouit en juillet.

**COMMENTAIRES**
Mutation de *H.* 'Halcyon', ce hosta qui offre une bonne résistance aux limaces a une croissance lente durant la première année, puis pousse rapidement. Il tolère toutes les sortes d'ombre
ou d'ensoleillement. Toutefois l'emplacement choisi aura une influence sur sa couleur. Il sera
à son meilleur s'il reçoit le soleil du matin. Il fut le « hosta de l'année » en 2001.

187

# *H.* 'Just So'

Enregistré par Paul Aden, à New York, en 1986
Classification : IV-6B

## PLANT.

63,5 cm (25 po) de diamètre • 25,4 cm (10 po) de hauteur
En forme de dôme dense

## FEUILLE

12,7 cm (5 po) de longueur • 5,1 cm (2 po) de largeur
De forme ovale, ressemblant vaguement à une soucoupe, elle est assez épaisse et possède une texture rugueuse. Son centre est jaune chartreuse et montre une petite marge irrégulière verte.

## FLEUR

En forme d'entonnoir, elle se dresse sur une tige florale de 30,5 cm (12 po), elle est de couleur lavande pâle et s'épanouit de la fin de juillet à la mi-août.

## COMMENTAIRES

Hybride de *H.* 'Little Aurora', ce hosta est parfait pour les rocailles et les jardins alpins. Le contraste du jaune sur le vert est frappant. Il offre une bonne résistance aux limaces et sa croissance est moyenne. Dans les meilleures conditions il a déjà atteint jusqu'à 78,7 cm (31 po) de diamètre et 35,6 cm (14 po) de hauteur.

## *H.* 'Kabitan'

Enregistré par Fumio Maekawa en 1987
Classification: IV-6B

**PLANT**

38,1 cm (15 po) de diamètre • 25,4 cm (10 po) de hauteur
En forme de dôme élargi

**FEUILLE**

12,7 cm (5 po) de longueur • 7 cm (2 ³/₄ po) de largeur
De forme élancée, elle est mince et assez ondulée. Elle est jaune doré et sa fine marge est
vert foncé.

**FLEUR**

En forme d'entonnoir, elle se dresse sur une tige florale de 38,1 cm (15 po), elle est de couleur
lavande foncé et éclôt en fin d'été.

**COMMENTAIRES**

Ce hosta de croissance moyenne, une mutation de *H. sieboldii,* est une excellente plante de
bordure. Il semble qu'il ait besoin de soleil pour performer, mais ses feuilles brûleront facilement. Se propageant par stolons, il aura tendance à s'étendre.

## *H.* 'Korean Snow'

Enregistré par Bob Solberg en 1999
Classification : IV-7

### PLANT

76,2 cm (30 po) de diamètre • 30,5 cm (12 po) de hauteur
En forme de dôme dense

### FEUILLE

15,2 cm (6 po) de longueur • 8,9 cm (3 ½ po) de largeur
De forme elliptique, luisante, et ayant une texture assez épaisse, elle a une marge ondulée.
Elle est verte et parsemée de plusieurs points verts et blancs. Ses couleurs semblent déla-
vées.

### FLEUR

En forme d'entonnoir, elle se dresse sur une tige florale de 50,8 cm (20 po), elle est de couleur pourpre et s'ouvre en août.

### COMMENTAIRES

Mutation de l'espèce *H. yingeri*, ce hosta à croissance moyenne est frappant par son mélange
de couleurs. Très hâtif, il sera le premier à sortir de terre au printemps. Il préfère les endroits
ombragés.

## H. 'Krossa Cream Edge'

Enregistré par G. Krossa et Peter Ruh en 1997
Classification : IV-5B

**PLANT**

43,2 cm (17 po) de diamètre • 27,9 cm (11 po) de hauteur
En forme de dôme dense

**FEUILLE**

13,3 cm (5 ¼ po) de longueur • 6,3 cm (2 ½ po) de largeur
De forme élancée, assez luisante, elle a une texture légèrement rugueuse. Elle est vert pâle
avec une marge jaune crème.

**FLEUR**

En forme d'entonnoir, elle se dresse sur une tige florale de 63,5 cm (25 po), elle est blanche
et s'épanouit en août.

**COMMENTAIRES**

Ce hosta à la croissance lente est un sujet idéal pour une rocaille.

# H. 'Krossa Regal'

 Enregistré par Gus Krossa et Alma M. Krossa, au Michigan, en 1980
Classification : III-2

**PLANT**

152 cm (60 po) de diamètre • 91,4 cm (36 po) de hauteur
En forme de vase dense

**FEUILLE**

30,5 cm (12 po) de longueur • 20,3 cm (8 po) de largeur
En forme de cœur élancé, dotée d'une texture très épaisse, elle se tient droite et sa marge
est très ondulée. Elle est bleu vert avec une texture cireuse.

**FLEUR**

En forme d'entonnoir, elle pousse sur une tige florale de 183 cm (72 po), elle est de couleur
lavande et éclôt en juillet.

**COMMENTAIRES**

Hybride de *H. nigrescens*, ce hosta a été importé du Japon dans les années 1950. Il se distingue par
sa forme érigée et son feuillage bleu acier qui en font un attrayant spécimen que tous les jardiniers
devraient planter. D'une croissance moyenne à rapide, il offre une bonne résistance aux limaces. Il
aime le soleil et sera à son meilleur s'il est planté à la mi-ombre. Puisqu'il peut tolérer le plein soleil,
il se marie bien avec les rosiers *rugosa*. Lorsque les roses fleurissent, 'Krossa Regal' sait camoufler
la base du rosier. Ce hosta est un excellent compagnon des bulbes printaniers. Lorsque ses feuilles
sortent du sol tard au printemps, elles cachent astucieusement les feuilles jaunissantes des bulbes.
Il peut servir de plante vedette ou d'arrière-plan. Ses fleurs presque mauves sont très attrayantes
dans les arrangements de fleurs coupées en été, car elles semblent toujours fraîches. Les plus
grosses feuilles sont également remarquables dans un bouquet. On dit qu'il peut atteindre jusqu'à
180 cm (71 po) de diamètre.

## *H.* 'Lakeside Black Satin'

Enregistré par Mary Chastain, au Tennessee, en 1993
Classification : III-1

**P L A N T**

55,9 cm (22 po) de diamètre • 22,9 cm (9 po) de hauteur
De forme érigée et compacte

**F E U I L L E**

17,8 cm (7 po) de longueur • 17,8 cm (7 po) de largeur
Légèrement ovale, elle a presque la forme d'un cœur et ses marges sont ondulées. Sa surface est luisante sur le dessus et mate sur le dessous et ses veines sont proéminentes. Elle est vert très foncé, presque noire.

**F L E U R**

En forme de clochette, elle pousse sur une tige florale de 66 cm (26 po), elle est de couleur pourpre foncé et éclôt de la fin de juin et début de juillet.

**C O M M E N T A I R E S**

Hybride de *H. ventricosa*, ce hosta qui préfère les endroits ombragés est remarquable par sa couleur verte presque noire, ses feuilles très froissées créant un effet dramatique au jardin. Le voir c'est le vouloir !

## H. 'Lakeside Kaleidoscope'

Enregistré par Mary Chastain, au Tennessee, en 1994
Classification : IV-7

**PLANT**

38,1 cm (15 po) de diamètre • 20,3 cm (8 po) de hauteur
De forme érigée et compacte

**FEUILLE**

15,2 cm (6 po) de longueur • 10,2 cm (4 po) de largeur
Elle est de forme légèrement ovale et ses marges sont lisses. Sa surface est luisante sur ses deux côtés et ses veines sont plutôt proéminentes. Elle est bleu vert et sa marge est d'un blanc crème qui a tendance à se prolonger partout sur la feuille.

**FLEUR**

De forme tubulaire, elle se dresse sur une tige florale de 61 cm (24 po), elle est de couleur blanche et s'épanouit de la mi-juillet à la mi-août.

**COMMENTAIRES**

D'une croissance rapide, il constitue une nouveauté dans l'univers des hostas.

## *H.* 'Lakeside Lollipop'

Enregistré par Mary Chastain, au Tennessee, en 1993
Classification : IV-1

**PLANT**

40,6 cm (16 po) de diamètre • 20,3 cm (8 po) de hauteur
De forme érigée et compacte

**FEUILLE**

8,9 cm (3 ½ po) de longueur • 7,6 cm (3 po) de largeur
Elle est de forme presque ronde, plutôt épaisse et ses marges sont satinées. Sa surface est
luisante sur ses deux côtés et elle a vaguement la forme d'une soucoupe. Ses veines sont
assez proéminentes. Elle est vert foncé.

**FLEUR**

De forme tubulaire, elle pousse sur une tige florale de 61 cm (24 po), elle est de couleur blanche et s'ouvre au début de juillet.

**COMMENTAIRES**

Ce hosta à croissance moyenne offre une bonne résistance aux limaces.

## H. 'Lakeside Looking Glass'

Enregistré par Mary Chastain, au Tennessee, en 1997
Classification : III-1

**PLANT**

61 cm (24 po) de diamètre • 25,4 cm (10 po) de hauteur
De forme érigée et compacte

**FEUILLE**

20,3 cm (8 po) de longueur • 14 cm (5 ½ po) de largeur
De forme elliptique, elle a des marges satinées et froissées. Sa surface est luisante sur ses
deux côtés et son pétiole est presque noir. Ses veines sont proéminentes. Elle est vert foncé.

**FLEUR**

De forme tubulaire, elle se dresse sur une tige florale de 61 cm (24 po), elle est de couleur
lavande et éclôt au mois d'août.

**COMMENTAIRES**

Hybride de *H. yingeri*, ce hosta jouit d'une croissance rapide. À cause de la texture et de la
forme de ses feuilles, il ne ressemble pas à un hosta typique. On doit le protéger contre les
limaces.

196

## H. 'Lakeside Neat Petite'

Enregistré par Mary Chastain, au Tennessee, en 1991
Classification : V-2

**PLANT**

66 cm (26 po) de diamètre • 33 cm (13 po) de hauteur
En forme de dôme dense et compact

**FEUILLE**

17,8 cm (7 po) de longueur • 17,8 cm (7 po) de largeur
De forme très arrondie, légèrement ondulée et en soucoupe, elle est épaisse et rugueuse, et luisante sur le dessus. Ses veines sont assez proéminentes. Elle est bleu vert foncé.

**FLEUR**

De forme tubulaire, elle pousse sur une tige florale de 45,7 cm (18 po), elle est de couleur blanche et s'épanouit au mois de juin.

**COMMENTAIRES**

Issu d'un croisement entre *H. venusta* et *H.* 'Blue Cadet', ce hosta de croissance moyenne est une excellente plante de bordure ou de couvre-sol.

## H. 'Lakeside Symphony'

Enregistré par Mary Chastain, au Tennessee, en 1988
Classification : II-5A

**PLANT**

122 cm (48 po) de diamètre • 66 cm (26 po) de hauteur
En forme de dôme dense et compact

**FEUILLE**

25,4 cm (10 po) de longueur • 20,3 cm (8 po) de largeur
Épaisse et rugueuse, elle est pointue, en forme de cœur, très arrondie et légèrement tordue.
Elle est de couleur jaunâtre et sa large marge irrégulière est vert lime avec un brin de doré.

**FLEUR**

De forme tubulaire, elle se dresse sur une tige florale de 45,7 cm (18 po), elle est de couleur
blanche et s'ouvre au mois de juin.

**COMMENTAIRES**

Provenant d'une mutation de H. 'Piedmont Gold', ce hosta a une croissance moyenne. L'un
des plus beaux spécimens que j'ai vus était au Minnesota, où le climat et le sol offrent les
meilleures conditions pour la culture des hostas.

## H. lancifolia

Découvert par Engler en 1888 et reconnu par l'American Hosta Society en 1993
Classification : IV-1

**PLANT**

61 cm (24 po) de diamètre • 38,1 cm (15 po) de hauteur
En forme de dôme très compact

**FEUILLE**

15,2 cm (6 po) de longueur • 7,6 cm (3 po) de largeur
En forme de lance, elle est légèrement ondulée et ses veines sont profondément encavées dans sa surface. Elle est vert foncé et sa marge, légère et très irrégulière, est blanc crème.

**FLEUR**

En forme d'entonnoir ou de clochette, elle pousse en grand nombre sur une tige florale de 45,7 cm (18 po). Elle est de couleur pourpre et s'ouvre tard à l'automne.

**COMMENTAIRES**

Cette espèce est indigène au Japon et en Chine. L'histoire nous apprend que ce hosta a été le premier à faire son apparition en Amérique, ce qui explique sa très grande popularité. C'est « le hosta à tout faire ». Il va à l'ombre totale, mais tolère le soleil, pousse rapidement, forme de belles touffes denses, et de plus nous offre de magnifiques et nombreuses fleurs en fin de saison. Il résiste assez bien aux limaces, mais doit en être protégé. Il aime qu'on le plante sous les arbres. Ses feuilles sont les premières à sortir au printemps et les dernières à commencer leur préparation pour l'hiver. Ce bon vieux hosta aura toujours une bonne place dans mon jardin, car il a été le tout premier que j'ai planté. Il pardonne tout : le soleil, la sécheresse, les mauvais sols, les pas des humains et des animaux, et bien d'autres choses...

## *H.* 'Leading Lady'

Enregistré par J. Wilkins, au Michigan, en 1995
Classification : I-4B

**PLANT**

102 cm (40 po) de diamètre • 58,4 cm (23 po) de hauteur
En forme de dôme semi-érigé

**FEUILLE**

35,6 cm (14 po) de longueur • 25,4 cm (10 po) de largeur
En forme de cœur, légèrement ondulée, elle est luisante sur ses deux faces et plutôt épaisse.
Ses veines sont proéminentes. Elle est vert foncé et sa large marge est dorée devenant blanc
crème.

**FLEUR**

En forme d'entonnoir ou de clochette, elle pousse en grand nombre sur une tige florale de
99, 1 cm (39 po), elle est de couleur lavande pâle et s'ouvre de la mi-juillet au début du mois
d'août.

**COMMENTAIRES**

Ce hosta a une croissance moyenne et résiste aux limaces. Il ressemble à *H.* 'Sagae'.

## *H.* 'Leather Sheen'

Enregistré par Mark Zilis et Doug Lohman, en Illinois, en 1988
Classification : IV-1

**PLANT**

76,2 cm (30 po) de diamètre • 38,1 cm (15 po) de hauteur
En forme de dôme dense écrasé

**FEUILLE**

17,8 cm (7 po) de longueur • 7,6 cm (3 po) de largeur
Épaisse, de forme élancée, légèrement ondulée, elle est luisante sur ses deux faces. Ses veines sont proéminentes. Elle est vert foncé.

**FLEUR**

En forme d'entonnoir, elle pousse sur une tige florale de 76,2 cm (30 po), elle est de couleur lavande pâle et s'ouvre de la mi-juillet à la fin de juillet.

**COMMENTAIRES**

Issu d'un croisement entre *H.* 'Sum and Substance' et *H. venusta*, il est l'un des hostas les plus foncés. Il tolère autant les jardins sombres que ceux qui sont ensoleillés. Il donnera de la vie à vos hostas jaunes ou bleus. Sa croissance est rapide et il offre une bonne résistance aux limaces.

## *H.* 'Lemon Lime'

Enregistré par Robert P. Savory, au Minnesota, en 1988
Classification : V-3

**PLANT**

38,1 cm (15 po) de diamètre • 20,3 cm (8 po) de hauteur
En forme de dôme très compact

**FEUILLE**

7,6 cm (3 po) de longueur • 2,5 cm (1 po) de largeur
Légèrement ondulée, elle est en forme de cœur, très élancée et pointue.
Une vieille feuille est vert lime et contraste joliment sur le jaune doré éclatant du nouveau feuillage. Plus la saison progresse, donc, plus la feuille est vert lime.

**FLEUR**

En forme de clochette, elle se dresse sur une tige florale de 33 cm (13 po), elle est de couleur pourpre pâle et éclôt à la fin de juin. La plante refleurit plusieurs fois.

**COMMENTAIRES**

Hybride de *H. nakaiana*, ce hosta est un des plus beaux pour les bordures. Il se multiplie facilement et sa croissance est rapide. Il tolère tous les types d'ensoleillement et s'avère idéal dans un contenant. Le pépiniériste Van Wade mentionne qu'il a déjà vu un plant de 91,4 cm (36 po) de diamètre.

202

## *H.* 'Leola Fraim'

Enregistré par William et Eleanor Lachman, au Massachusetts, en 1986
Classification : III-4B

**PLANT**

76,2 cm (30 po) de diamètre • 38,1 cm (15 po) de hauteur
En forme de dôme dense érigé

**FEUILLE**

20,3 cm (8 po) de longueur • 15,2 cm (6 po) de largeur
Elle est en forme de cœur et arrondie. Avec la maturité, elle adopte la forme d'une soucoupe
et devient rugueuse. Elle est vert foncé et sa large marge est jaune qui devient blanche en
s'élargissant vers sa pointe.

**FLEUR**

En forme d'entonnoir, elle se dresse sur une tige florale de 71 cm (28 po), elle est de couleur
lavande et s'ouvre au début de juillet jusqu'à la mi-août.

**COMMENTAIRES**

Hybride de *H.* 'Swoosh', ce hosta à la croissance moyenne préfère l'ombre légère. Il offre un
excellent contraste de couleurs et fera un bel effet avec des hostas jaunes. Van Wade affirme
qu'il en a déjà vu un qui mesurait plus de 122 cm (48 po) de diamètre.

## *H.* 'Lime Piecrust'

Enregistré par William et Eleanor Lachman, au Massachusetts, en 1990
Classification : II-3

**PLANT**

102 cm (40 po) de diamètre • 43,2 cm (17 po) de hauteur
En forme de dôme dense

**FEUILLE**

30,5 cm (12 po) de longueur • 22,9 cm (9 po) de largeur
Très allongée, sa surface est légèrement ondulée et plissée, et sa pointe est tordue. Ses veines sont assez proéminentes. Elle est jaune pâle, presque chartreuse. Sa couleur sera plus intense si on lui donne deux à trois heures d'ensoleillement par jour.

**FLEUR**

En forme d'entonnoir, elle pousse sur une tige florale de 66 cm (26 po), elle est blanche et s'ouvre de la mi-juin à la mi-juillet.

**COMMENTAIRES**

Ce hosta d'un beau jaune presque lime tolère bien le soleil. Comme son nom l'indique, il ressemble à une croûte de tarte parsemée de petites ondulations. On en a vu ayant déjà atteint 152 cm (60 po) de diamètre.

204

## *H.* 'Little Aurora'

Enregistré par Paul Aden, à New York, en 1978
Classification : IV-3

**PLANT**

17,8 cm (7 po) de diamètre • 10,2 cm (4 po) de hauteur
En forme de dôme dense

**FEUILLE**

10,2 cm (4 po) de longueur • 7,6 cm (3 po) de largeur
Ronde, un peu effilée, et ayant presque la forme d'une soucoupe, elle est épaisse, gaufrée et
a un reflet métallique. Lorsque le plant est jeune, la feuille n'est pas gaufrée.
Elle est chartreuse lorsqu'elle sort de terre et devient jaune doré durant la saison.

**FLEUR**

En forme de trompette, elle pousse sur une tige florale de 25,4 cm (10 po), elle est lavande
et s'épanouit à la fin de juillet.

**COMMENTAIRES**

Issu d'un croisement entre *H.* 'Tokudama Aureonebulosa' et *H.* 'Golden Waffles', ce plus petit
hosta de la série 'Tokudama' a une croissance rapide. Au soleil, son feuillage sera à son meilleur
et il éclairera une rocaille à l'ombre. Il offre une bonne résistance aux limaces.

## H. 'Louis Cyr'

Créé par Jardins Osiris, mais non enregistré
Classification : I-1

**PLANT**

213,4 cm (84 po) de diamètre • 107 cm (42 po) de hauteur
En forme de vase dense

**FEUILLE**

30,5 cm (12 po) de longueur • 22,9 cm (9 po) de largeur
Très épaisse, en forme de cœur, elle a la forme d'une soucoupe, est abondamment striée et luisante. Très tôt au printemps, elle est bleu vert et vire rapidement au vert foncé.

**FLEUR**

En forme de clochette allongée, elle pousse sur une tige florale de 68,6 cm (27 po), elle est de couleur lavande, presque blanche, et éclôt à la mi-juillet.

**COMMENTAIRES**

Issu d'un croisement avec H. 'Green Piecrust', ce hosta a une croissance moyenne. Lorsqu'il parvient à maturité, il fait une belle plante vedette et se fond très bien en arrière-plan. Il est aussi très décoratif près d'un plan d'eau. Il résiste efficacement aux limaces et préfère les endroits semi-ombragés.

## *H.* 'Louisa'

Enregistré par Frances Williams, au Massachusetts, en 1986
Classification : IV-4B

**PLANT**

63,5 cm (25 po) de diamètre • 30,5 cm (12 po) de hauteur
En forme de dôme très évasé

**FEUILLE**

12,7 cm (5 po) de longueur • 5,1 cm (2 po) de largeur
Très élancée et un peu ondulée, elle est verte et ornée d'un contour blanc. Elle est très semblable à *H.* 'Ginko Craig'.

**FLEUR**

En forme de clochette, elle pousse sur une tige florale de 45,7 à 61 cm (18 à 24 po), elle est blanche et s'épanouit à la fin d'août. Ce hosta a été le premier marginé blanc à floraison blanche.

**COMMENTAIRES**

Plus que tous les autres, il aime les sols plus humides et tolère le soleil. Il se propage par stolons et, s'il n'est pas le plus envahissant des hostas, il pousse rapidement. C'est un excellent couvre-sol.

# H. 'Love Pat'

Enregistré par Paul Aden, à New York, en 1978
Classification : III-2

**PLANT**

40,6 cm (16 po) de diamètre • 35,6 cm (14 po) de hauteur
En forme de dôme plutôt évasé

**FEUILLE**

17,8 cm (7 po) de longueur • 17,8 cm (7 po) de largeur
En forme de cœur arrondi et en soucoupe, elle est soutenue par un pétiole en forme d'entonnoir. Très épaisse et gaufrée, elle est bleu acier jusqu'à la fin de juillet puis devient vert
foncé.

**FLEUR**

En forme de trompette, elle est portée par une tige florale de 61 cm (24 po), elle est blanche
et s'épanouit en juillet.

**COMMENTAIRES**

Hybride de *H*. 'Blue Velvet' et *H*. 'Blue Vision', il résiste bien aux limaces. Comme tous les *toku-*
*dama*s, il est lent à s'établir, mais il vaut la peine qu'on l'attende. Il peut tolérer un ensoleillement du matin ou de fin de journée. Toutefois plus il est dans l'ombre, plus le bleu de ses
feuilles sera foncé. Il mérite sa place dans un aménagement, car il est aussi décoratif dans un
arrière-plan que comme plante vedette. Ses feuilles en forme de soucoupe se remplissent
d'eau après la pluie. On dit qu'il peut atteindre 102 cm (40 po) de diamètre et jusqu'à 48,3 cm
(19 po) de hauteur.

208

# H. 'Loyalist'

 Enregistré par G. Van Eijk-Bos et C. Falstad, au Michigan, en 1998
Classification : IV-6A

**PLANT**

63,5 cm (25 po) de diamètre • 45,7 cm (18 po) de hauteur
En forme de dôme érigé

**FEUILLE**

16,5 cm (6 ½ po) de longueur • 9,5 cm (3 ¾ po) de largeur
Épaisse, elle est de forme ovale, arrondie, et modérément ondulée. Son centre est blanc crème et elle est ornée d'une marge vert foncé passablement large semblable à H. 'Fire and Ice'.

**FLEUR**

De forme tubulaire, elle se dresse sur une tige florale de 63,5 cm (25 po), elle est de couleur lavande, presque blanche, et éclôt en juillet.

**COMMENTAIRES**

Ce hosta est un sport inversé de H. 'Patriot' qui ressemble à H. 'Fire and Ice' sauf qu'il est plus érigé et pousse plus rapidement. On peut utiliser ses feuilles dans des arrangements floraux. Planté avec H. 'Patriot' et quelques hostas bleus il donne au jardin une allure très originale.

## *H.* 'Lunar Eclipse'

Enregistré par Q & Z Nursery et Mark R. Zilis, en Illinois, en 1985
Classification : III-4A

### PLANT

102 cm (40 po) de diamètre • 48,3 cm (19 po) de hauteur
En forme de dôme érigé

### FEUILLE

17,8 cm (7 po) de longueur • 14 cm (5 ½ po) de largeur
Lors de sa première sortie, elle est en forme de soucoupe et très bosselée. Plus tard elle sera plus lisse. Elle est souvent parsemée d'ondulations et ressemble à un chiffon. Elle est de couleur chartreuse et sa petite marge est crème, surtout lorsque le printemps est chaud et sec. La deuxième série de feuilles sera plus jaunâtre, celles-ci seront vertes et marquées d'une large marge jaune doré qui deviendra blanche durant la saison.

### FLEUR

En forme de clochette, elle pousse sur une tige florale de 68,6 cm (27 po), elle est de couleur lavande pâle et s'épanouit à la fin de juillet. C'est un hosta florifère.

### COMMENTAIRES

Mutation de *H.* 'August Moon', ce hosta de croissance moyenne est splendide au début de la saison. Il souffre souvent de la sécheresse. À ce moment, il faut couper les feuilles à la base du plant et, surtout, ne pas trop le fertiliser. C'est un beau hosta pour illuminer les coins sombres. Pour qu'il ait de belles couleurs, il doit profiter de deux à trois heures du soleil du matin. On l'aime ou on ne l'aime pas !

## *H.* 'Marashino Cherry'

Enregistré par Mark Zilis et Bob Solberg en 1999
Classification : IV-1

**PLANT**

76,2 cm (30 po) de diamètre • 38,1 cm (15 po) de hauteur
En forme de dôme assez érigé

**FEUILLE**

17,8 cm (7 po) de longueur • 7,6 cm (3 po) de largeur
En forme de longue lance luisante, elle a la particularité d'avoir un pétiole bourgogne. Elle
est vert foncé.

**FLEUR**

De forme tubulaire, elle se dresse sur une tige florale rougeâtre de 91,4 cm (36 po), elle est
de couleur lavande et s'épanouit en juillet.

**COMMENTAIRES**

Ce hosta, un sport de *H.* 'Cherry Berry' à croissance rapide, aime l'ombre mais tolère un peu
de soleil. Il est très ornemental.

## *H.* 'Marie Robillard'

Créé par Jardins Osiris, mais non enregistré
Classification : II-5B

### PLANT

122 cm (48 po) de diamètre • 91,4 cm (36 po) de hauteur
En forme de vase dense très symétrique

### FEUILLE

27,9 cm (11 po) de longueur • 19 cm (7 ½ po) de largeur
Très épaisse et gaufrée, en forme de cœur, plutôt érigée puis horizontale, elle a un peu la
forme d'une soucoupe. Son centre est bosselé et bleu vert, mais marginé de jaune vert.

### FLEUR

En forme de clochette allongée, elle pousse sur une tige florale de 71,1 cm (28 po), elle est de
couleur lavande, presque blanche, et s'ouvre à la mi-juillet.

### COMMENTAIRES

D'une croissance qui varie de moyenne à rapide, ce hosta, lorsqu'il atteint sa maturité, est une
belle plante vedette qui fait aussi un attrayant arrière-plan ou un excellent compagnon près
d'un plan d'eau. Il augmente le caractère intime d'un jardin lorsqu'il est planté près d'une terrasse. Il préfère l'ombre au soleil et offre une bonne résistance aux limaces. C'est un hosta
classique que l'on devrait planter dans tous les jardins.

212

## *H.* 'Marilyn'

Enregistré par Mark R. Zilis, en Illinois, en 1990
Classification : III-3

### PLANT

76,2 cm (30 po) de diamètre • 30,5 cm (12 po) de hauteur
Il peut mesurer jusqu'à 109 cm (43 po) de diamètre.
En forme de dôme ouvert

### FEUILLE

16,5 cm (6 ½ po) de longueur • 8,9 cm (3 ½ po) de largeur
Très allongée et tordue, elle est plutôt ondulée. Sa couleur jaunâtre devient plus éclatante
durant l'été.

### FLEUR

En forme de clochette, elle pousse sur une tige florale de 61 cm (24 po), elle est de couleur
lavande pâle et s'épanouit au début de juillet.

### COMMENTAIRES

Issue d'un croisement entre *H.* 'Gold Drop' et *H.* 'Green Piecrust', ce hosta éclaircit un jardin
à la mi-ombre. Très décoratif en bordure, il a une croissance moyenne.

## *H.* 'Maui Buttercups'

Introduit par William P. Vaughn, en Illinois, en 1991
Classification : IV-3

**PLANT**

35,6 cm (14 po) de diamètre • 25,4 cm (10 po) de hauteur
En forme de dôme semi-érigé

**FEUILLE**

12,7 cm (5 po) de longueur • 12,7 cm (5 po) de largeur
Ronde, épaisse, rugueuse et en forme de soucoupe, elle est jaune doré.

**FLEUR**

De forme tubulaire, elle pousse sur une tige florale de 45,7 cm (18 po), elle est violette et
éclôt en juillet.

**COMMENTAIRES**

Issu d'un croisement entre *H.* 'Frances Williams' et *H.* 'August Moon', ce hosta croît d'abord
lentement, mais sa croissance s'accélère ensuite. C'est un des plus beaux petits hostas jaunes
et il s'adapte bien à la culture en contenant. Il résiste efficacement aux limaces.

## *H.* 'Medusa'

Enregistré par R. Herold, au Massachusetts, en 1993
Classification : V-6A

**PLANT**

30,5 cm (12 po) de diamètre • 15,2 cm (6 po) de hauteur
En forme de dôme érigé

**FEUILLE**

10,2 cm (4 po) de longueur • 2,5 cm (1 po) de largeur
Très élancée, luisante sur ses deux faces et plutôt pointue, elle a une marge légèrement ondulée. Elle est fluorescente et ses veines sont proéminentes. Son centre est vert émeraude et
sa marge est blanc crème.

**FLEUR**

En forme de trompette, elle pousse sur une tige florale de 38,1 cm (15 po), elle est de couleur
pourpre pâle et s'épanouit au mois d'août.

**COMMENTAIRES**

Hybride de *H.* 'Neat Splash' et de *H. gracillima,* c'est un hosta parfait pour les petites rocailles
ou les jardins alpins. Il a une croissance moyenne.

## H. 'Midas Touch'

Enregistré par Paul Aden, à New York, en 1978
Classification : III-3

**PLANT**

114 cm (45 po) de diamètre • 63,5 cm (25 po) de hauteur
En forme de dôme dense érigé

**FEUILLE**

22,9 cm (9 po) de longueur • 20,3 cm (8 po) de largeur
Ovale et presque ronde, très épaisse et en forme de soucoupe, elle est très ondulée et bosselée, de couleur jaune foncé au reflet métallique. Un feuillage ayant trop de soleil sera d'une
couleur bronzée.

**FLEUR**

En forme de clochette, elle pousse sur une tige florale de 91,4 cm (36 po), elle est de couleur
lavande, presque blanche, et s'ouvre tout le mois d'août.

**COMMENTAIRES**

Issu d'un croisement entre *H.* 'Gold Cup' et *H.* 'Golden Waffles', ce hosta est lutescent, c'est-
à-dire que sa couleur verte lorsqu'il sort de terre passe au jaune au cours de l'été. Il doit recevoir plus de soleil pour conserver sa couleur. Sa feuille épaisse le rend très résistant aux limaces
et sa croissance est de moyenne à rapide.

## *H.* 'Midwest Magic'

Enregistré par Mark Zilis en 1999
Classification : III-6B

### PLANT

119 cm (47 po) de diamètre • 50,8 cm (20 po) de hauteur
En forme de dôme dense

### FEUILLE

20,3 cm (8 po) de longueur • 15,2 cm (6 po) de largeur
En forme de cœur très élargi, luisante et modérément épaisse, elle devient légèrement rugueuse et en forme de soucoupe plus tard en saison. Elle a une légère ondulation. De couleur chartreuse au printemps, elle devient dorée et sa marge plutôt large prend une couleur vert foncé.

### FLEUR

De forme tubulaire, elle pousse sur une tige florale de 61 cm (24 po), elle est de couleur lavande pâle et éclôt à la mi-juillet.

### COMMENTAIRES

Ce hosta est un sport de *H.* 'Zounds' dont la croissance est moyenne. Il résiste bien aux limaces et tolère le soleil même s'il préfère les coins ombragés. Il garde ses couleurs jusqu'aux premiers gels.

## H. 'Mildred Seaver'

Enregistré par Kevin C. Vaughn en 1981
Classification : III-4B

**PLANT**

76,2 cm (30 po) de diamètre • 35,6 cm (14 po) de hauteur
En forme de dôme érigé et dense

**FEUILLE**

11,4 cm (4 ½ po) de longueur • 12,7 cm (5 po) de largeur
En forme de cœur très élargi, elle est légèrement ondulée et montre une infime rugosité. Elle
est bleu vert et sa marge est d'un chartreuse qui passe au crème.

**FLEUR**

De forme tubulaire, elle pousse sur une tige florale de 38,1 cm (15 po), elle est de couleur
lavande pâle et fleurit à la mi-juillet.

**COMMENTAIRES**

Issu d'un croisement entre H. 'Breeder's Choice' et H. 'Frances Williams', ce hosta à croissance
moyenne résiste efficacement aux limaces. C'est un beau spécimen au jardin. On aurait déjà
vu un plant mesurant plus de 152 cm (60 po) de diamètre.

218

## *H.* 'Ming Treasure'

Introduit par Mark Zilis en 1999
Classification : III-4B

### PLANT

45,7 cm (18 po) de diamètre • 35,6 cm (14 po) de hauteur
En forme de dôme dense

### FEUILLE

25,4 cm (10 po) de longueur • 17,8 cm (7 po) de largeur
En forme de cœur allongé, elle est légèrement ondulée et luisante. Son centre est vert, orné
d'une très large marge extérieure chartreuse. Cette marge devient crème au fur et à mesure
que la saison avance.

### FLEUR

En forme d'entonnoir, elle pousse sur une tige florale de 61 cm (24 po), elle est blanche et
s'épanouit à la fin de l'été jusque tard en automne. Elle est très odorante.

### COMMENTAIRES

Ce hosta est un sport de *H. plantaginea* dont la croissance est moyenne. Il se remarque par
sa fleur parfumée de grande dimension. Un maximum de deux heures d'ensoleillement lui
sera bénéfique.

# H. 'Minuteman'

Introduit par J. Machen Jr, en Virginie, en 1994
Classification : III-4B

**PLANT**

61 cm (24 po) de diamètre • 30,5 cm (12 po) de hauteur
En forme de dôme dense

**FEUILLE**

21,6 cm (8 ½ po) de longueur • 15,2 cm (6 po) de largeur
De forme ovale, très élargie et légèrement ondulée, elle est luisante, un peu rugueuse et assez épaisse. Elle est vert foncé ornée d'une large marge crème.

**FLEUR**

De forme tubulaire, elle pousse sur une tige florale de 61 cm (24 po), elle est de couleur lavande pâle et s'ouvre de la mi-juin à la mi-juillet.

**COMMENTAIRES**

Ce hosta est un sport de H. 'Francee' dont la croissance est rapide. Il offre une bonne résistance aux limaces, tolère le soleil et garde ses couleurs au cours des périodes de chaleur. Il est recommandé pour la culture en contenant. On a déjà vu un spécimen mesurant 127 cm (50 po) de diamètre.

## H. montana

Espèce découverte par Fumio Maekawa en 1940, mais reconnue en 1993
Classification : II-1

### PLANT

88,9 cm (35 po) de diamètre • 61 cm (24 po) de hauteur
En forme de dôme érigé

### FEUILLE

35,6 cm (14 po) de longueur • 25,4 cm (10 po) de largeur
De forme très allongée et légèrement ondulée, elle est luisante, assez épaisse et ses veines
sont proéminentes. Elle est vert foncé.

### FLEUR

En forme d'entonnoir, elle pousse sur une tige florale de 122 cm (48 po), elle est de couleur
lavande pâle et s'épanouit à la mi-juillet.

### COMMENTAIRES

Même si ce hosta peut être énorme dans son habitat naturel il est normalement plus petit
lorsqu'on le plante au jardin. Il préfère l'ombre au soleil et c'est un des plus tardifs au printemps. Les risques de gel sont donc minimes avec ce hosta dont la croissance est rapide. Il
offre une bonne résistance aux limaces. On a déjà vu un spécimen mesurant 198 cm (78 po)
de diamètre.

## *H. montana* 'Aureomarginata'

 Cette variation de l'espèce a été enregistrée par l'American Hosta Society en 1987
Classification : II-5B

**PLANT**

122 cm (48 po) de diamètre • 68,6 cm (27 po) de hauteur
En forme de dôme érigé

**FEUILLE**

30,5 cm (12 po) de longueur • 20,3 cm (8 po) de largeur
De forme très allongée et légèrement ondulée, elle est luisante et assez épaisse. Ses veines sont proéminentes. Elle est vert foncé et sa large marge est jaune brillant qui devient crème au cours de la saison. Cette marge a tendance à recouvrir son centre.

**FLEUR**

En forme d'entonnoir, elle se dresse sur une tige florale de 102 cm (40 po), elle est de couleur lavande pâle et éclôt à la mi-juillet.

**COMMENTAIRES**

Ce hosta qui préfère l'ombre au soleil est un des plus lents à sortir de terre au printemps. Les risques de gel sont donc minimes pour cette plante à croissance rapide. Il résiste bien aux limaces et garde ses couleurs tout au long de la saison. Au Jardin botanique de Montréal croissent trois beaux spécimens matures dans le sous-bois. On a déjà vu un spécimen mesurant 173 cm (68 po) de diamètre.

222

## *H.* 'Montreal'

 Enregistré par le Jardin botanique de Montréal en 1983
Classification : IV-1

**PLANT**

35,6 cm (14 po) de diamètre • 35,6 cm (14 po) de hauteur
De forme érigée et compacte

**FEUILLE**

33 cm (13 po) de longueur • 7,6 cm (3 po) de largeur
En forme de lance et lisse, elle est verte pâle.

**FLEUR**

En forme d'entonnoir, elle pousse sur une tige florale de 35,6 à 40,6 cm (14 à 16 po), elle est
de couleur lavande et s'épanouit à la fin d'août.

**COMMENTAIRES**

On dispose de peu d'informations sur ce hosta dont la croissance est rapide. Dans mon jardin, il a une place de choix. J'en ai un qui a atteint plus de 76,2 cm (30 po) de diamètre. Ses
feuilles sont très décoratives dans les bouquets de fleurs coupées et les limaces ne lui ont
pas touché.

## *H.* 'Mount Royal'

Enregistré par le Jardin botanique de Montréal en 1983
Classification : IV-1

**P L A N T**

76,2 cm (30 po) de diamètre • 38,1 cm (15 po) de hauteur
De forme érigée et compacte

**F E U I L L E**

33 cm (13 po) de longueur • 22,9 cm (9 po) de largeur
De forme élancée et élargie, elle est vert pâle.

**F L E U R**

En forme d'entonnoir, elle se dresse sur une tige florale de 35,6 cm (14 po), elle est de couleur lavande et éclôt à la fin d'août. C'est un hosta florifère.

**C O M M E N T A I R E S**

On dispose de peu d'informations sur ce hosta à croissance rapide dont les feuilles sont très décoratives dans les bouquets de fleurs coupées. Les limaces ne le visitent pas. Il tolère le soleil.

224

## H. nakaiana

Découvert par Fumio Maekawa, en Corée, en 1935
Classification : IV-1

### PLANT

81,3 cm (32 po) de diamètre • 30,5 cm (12 po) de hauteur
En forme de dôme compact

### FEUILLE

8,9 cm (3 ½ po) de longueur • 6,3 cm (2 ½ po) de largeur
En forme de cœur allongé, presque luisante, elle est ornée d'une marge légèrement ondulée et ses veines sont très encavées. Elle est vert assez foncé au-dessus et vert plus pâle en dessous.

### FLEUR

En forme d'entonnoir, elle se dresse sur une tige florale de 50,8 cm (20 po), elle est de couleur pourpre pâle et s'ouvre en juillet. Plante florifère, elle refleurit à la fin de l'été. Son pétiole est pointillé de points pourpres.

### COMMENTAIRES

Ce hosta qui pousse en Corée et au Japon est parfait pour les petits jardins. Même si sa croissance est rapide, il n'est pas envahissant et tolère les endroits semi-ensoleillés. À l'automne, son feuillage prend les couleurs de jaune doré.

225

## *H.* 'New Wave'

Enregistré par Mark Zilis et Doug Lohman, en Illinois, en 1988
Classification : IV-1

**PLANT**

63,5 cm (25 po) de diamètre • 30,5 cm (12 po) de hauteur
En forme de dôme très compact

**FEUILLE**

12,7 cm (5 po) de longueur • 7,6 cm (3 po) de largeur
Oblongue, lisse et épaisse, elle est tordue vers le bas et de couleur vert lime.

**FLEUR**

En forme d'entonnoir, elle se dresse sur une tige florale de 66 cm (26 po), elle est de couleur lavande pâle et s'épanouit à la fin de juillet.

**COMMENTAIRES**

Croisement entre *H.* 'Sum and Substance' et un hybride de *H. venusta*, ce hosta a une croissance moyenne. Il résiste aux limaces.

## H. 'Niagara Falls'

Enregistré par William Brinka et Olga Petryszyn en 1991
Classification : I-1

### PLANT

91,4 cm (36 po) de diamètre • 50,8 cm (20 po) de hauteur
En forme de dôme semi-érigé

### FEUILLE

38,1 cm (15 po) de longueur • 22,9 cm (9 po) de largeur
De forme oblongue assez allongée, elle est bordée de contours très ondulés dans ses marges.
Ses veines sont très proéminentes. Elle est vert très foncé et sa surface est très luisante.

### FLEUR

En forme d'entonnoir, elle se dresse sur une tige florale de 122 cm (48 po), elle est violet pâle
et s'ouvre à la mi-juillet.

### COMMENTAIRES

Croisement entre *H. montana macrophylla* et *H.* 'Sea Drift', ce hosta se distingue par des
marges très ondulées qui seront plus évidentes lorsque le plant aura atteint sa maturité. Il
est très fertile pour l'hybridation et tolère l'ombre légère. C'est un plant magnifique à planter au jardin. On dit qu'il a déjà atteint un diamètre de 122 cm (48 po) et une hauteur de
66 cm (26 po).

## H. 'Night Before Christmas'

Enregistré par J. Machen Jr, en Virginie, en 1994
Classification : III-6A

**PLANT**

76,2 cm (30 po) de diamètre • 45,7 cm (18 po) de hauteur
En forme de dôme modérément dense et semi-érigé

**FEUILLE**

20,3 cm (8 po) de longueur • 7,6 cm (3 po) de largeur
Très allongée et pointue, sa surface est légèrement ondulée et assez luisante. Son centre est blanc crème et devient blanc en saison. Sa marge est large et vert foncé.

**FLEUR**

De forme tubulaire, elle pousse sur une tige florale de 76,2 cm (30 po), elle est de couleur lavande pâle et s'épanouit de la mi-juin à la mi-juillet.

**COMMENTAIRES**

Ce hosta, un sport de H. 'White Christmas', possède des feuilles qui, lorsqu'elles sont vieilles, deviennent vert foncé en fin de saison permettant au feuillage de la prochaine saison de se régénérer. Sa croissance est rapide et il tolère assez bien les périodes de grandes chaleurs. Il est spectaculaire et ne passe pas inaperçu. Il peut atteindre des dimensions de 160 cm (63 po) de diamètre.

230

## H. nigrescens

Découvert par Fumio Maekawa à Honshu Island, au Japon, en 1937
Classification : II-2

### PLANT

76,2 cm (30 po) de diamètre • 61 cm (24 po) de hauteur
En forme de vase érigé

### FEUILLE

27,9 cm (11 po) de longueur • 20,3 cm (8 po) de largeur
En forme de soucoupe et assez lisse et bosselée, elle a aussi la forme d'un cœur élancé et
est de couleur bleu vert très foncé qui devient vert luisant en été.

### FLEUR

En forme d'entonnoir, elle se dresse sur une tige florale de 183 cm (72 po), elle est de couleur
lavande pâle, ornée d'une légère marge blanche, et éclôt à la fin de juillet. Sa tige florale est
la plus longue de tous les hostas. C'est un plant florifère.

### COMMENTAIRES

Ce hosta, surnommé «hosta noir», constitue une espèce et est considéré comme le parent
de H. 'Krossa Regal'. Sa feuille, qui forme pratiquement un angle droit avec son pétiole, est
assez unique. Cette dernière particularité ainsi que sa couleur en font une plante idéale en
arrière-plan. C'est aussi un beau spécimen dans un jardin ombragé. Il a une croissance moyenne.
Lorsque ses pousses sortent au printemps, elles sont très foncées presque noires, ce qui explique son surnom. Il résiste efficacement aux limaces et préfère les endroits ombragés. On a
déjà vu un spécimen qui avait atteint 165 cm (65 po) de diamètre.

## H. 'Northern Halo'

Enregistré par Walters Gardens en 1984
Classification : II-4B

**PLANT**

122 cm (48 po) de diamètre • 63,5 cm (25 po) de hauteur
En forme de dôme érigé

**FEUILLE**

30,5 cm (12 po) de longueur • 22,9 cm (9 po ) de largeur
De forme ovale, assez élargie et presque ronde, elle est rugueuse et forme une soucoupe. Elle est épaisse et de couleur bleu vert, ornée d'une marge blanche devenant crème au cours de la saison. Cette marge pâlit sur un plant mature.

**FLEUR**

En forme de clochette, elle pousse sur une tige florale de 76,2 cm (30 po), elle est de couleur blanche et s'épanouit à la fin de juin et au début de juillet.

**COMMENTAIRES**

Mutation de *H. sieboldiana* 'Elegans', il offre une bonne résistance aux limaces. Au cours de sa croissance lente il aura tendance à s'élargir. Il préfère l'ombre au soleil. C'est un beau spécimen à planter en arrière-plan. Cependant, ses feuilles ont tendance à brunir.

## H. 'Olive Bailey Langdon'

Enregistré par O'Hara en 1999
Classification : I-5B

**PLANT**

152 cm (60 po) de diamètre • 68 cm (28 po) de hauteur
En forme de dôme dense

**FEUILLE**

34 cm (13 po) de longueur • 25,4 cm (10 po) de largeur
Très épaisse, luisante et assez rugueuse, en forme de cœur, elle a une marge légèrement frois-sée. Elle adopte une forme rappelant une soucoupe et elle est vert foncé tandis que sa large marge irrégulière est jaune foncé, marge qui a une tendance à s'orienter vers son centre.

**FLEUR**

En forme d'entonnoir, elle se dresse sur une tige florale de 81,3 cm (32 po), elle est de couleur blanche et s'ouvre à la fin de l'été. Elle dure longtemps.

**COMMENTAIRES**

Ce hosta est une réplique presque identique à H. 'Frances Williams' sauf qu'il a moins de taches de rouille sur ses feuilles. Magnifique en arrière-plan, il est le numéro un des hostas à marge jaune. Il préfère le soleil du matin et résiste très bien aux limaces.

## H. 'On Stage'

Enregistré par Paul Aden, à New York, en 1986
Classification : III-6B

### PLANT

61 cm (24 po) de diamètre • 35,6 cm (14 po) de hauteur
En forme de dôme dense assez érigé

### FEUILLE

25,4 cm (10 po) de longueur • 15,2 cm (6 po) de largeur
De forme oblongue, légèrement bosselée, son centre est vert pâle et blanc, et sa marge est
vert foncé. Si ce hosta est planté à l'ombre, toutes ses couleurs seront plus foncées.

### FLEUR

En forme d'entonnoir, elle se dresse sur une tige florale de 61 cm (24 po), elle est de couleur
lavande pâle, presque blanche, et éclôt au début de juillet.

### COMMENTAIRES

Mutation de *H. montana*, ce hosta qui tolère le soleil est parfois confondu avec le *H.* 'Choko
Nishiki', qui est presque semblable. Il possède les couleurs de *H. montana* 'Aureomarginata',
mais celles-ci sont inversées. Sa croissance est lente, mais il vaut la peine de l'attendre. Comme
tous les *montana*s, il émerge tard au printemps ! En période de sécheresse, il conservera sa
forme et ses couleurs. On a déjà vu un spécimen ayant atteint 122 cm (48 po) de diamètre.

234

## *H.* 'Ovation'

 Créé par Jardins Osiris, mais non enregistré
Classification : II-3

**PLANT**

122 cm (48 po) de diamètre • 91,4 cm (36 po) de hauteur
En forme de vase

**FEUILLE**

30,5 cm (12 po) de longueur • 26,7 cm (10 ½ po ) de largeur
Plutôt épaisse, en forme de cœur, elle est très striée et ses veines sont proéminentes. Elle
est d'un magnifique jaune or.

**FLEUR**

En forme de clochette allongée, elle pousse sur une tige florale de 78,7 cm (31 po), elle est
de couleur lavande, presque blanche, et s'épanouit à la mi-juillet.

**COMMENTAIRES**

Ce hosta provient d'un croisement entre H. 'White Vision' et H. 'Piedmont Gold' et pousse
rapidement. Lorsqu'il atteint sa maturité, il convient aussi bien comme plante vedette qu'en
arrière-plan. Il peut également se retrouver près d'un plan d'eau ensoleillé. Il augmente le
caractère intime d'un jardin, et il est très décoratif près d'une terrasse. Il peut être planté
autant à l'ombre qu'en plein soleil. Toutefois, s'il est planté dans un endroit ombragé, il sera
plus vert. Il offre une bonne résistance aux limaces.

235

## H. 'Pandora's Box'

 Enregistré par H. Hansen et Shady Oaks Nursery, au Minnesota, en 1996
Classification : V-6A

**PLANT**

25,4 cm (10 po) de diamètre • 10,2 cm (4 po) de hauteur
En forme de dôme

**FEUILLE**

5,1 cm (2 po) de longueur • 3,8 cm (1½ po) de largeur
De forme ovale, assez élargie, elle est de couleur verte avec quelques rayures bleutées et un centre blanc.

**FLEUR**

En forme de clochette, elle pousse sur une tige florale de 19 cm (7½ po), elle est de couleur pourpre et fleurit à la fin de juin et au début de juillet.

**COMMENTAIRES**

Ce hosta miniature est un sport de H. 'Baby Bunting'. Il est idéal pour les bordures et les petites rocailles. Il fera également un très bel effet dans un contenant. Il est le plus petit des hostas panachés et sa croissance est moyenne. C'est l'un de mes favoris. Il a tendance à redevenir vert. Si cela se produit, il faut diviser le plant et le replanter.

## *H.* 'Paradigm'

Enregistré par Walden West en 1999
Classification : II-6B

**PLANT**

91,4 cm (36 po) de diamètre • 45,7 cm (18 po) de hauteur
En forme de dôme dense

**FEUILLE**

27,9 cm (11 po) de longueur • 22,9 cm (9 po) de largeur
Très épaisse, ovale, presque en forme de cœur et très rugueuse, elle est d'un jaune doré luisant et sa large marge est bleu vert foncé. Son centre devient jaune à mesure que la saison
avance.

**FLEUR**

En forme de clochette, elle pousse sur une tige florale de 61 cm (24 po), elle est de couleur
lavande, presque blanche, et s'ouvre tôt en été.

**COMMENTAIRES**

Ce hosta, un sport de *H.* 'Abiqua Recluse', a une croissance lente. Sa texture est assez épaisse,
donc elle résiste aux limaces. Il tolère bien l'ensoleillement.

# H. 'Patriot'

Enregistré par John L. Machen, en Virginie, en 1991
Classification : III-4B

## PLANT

76,2 cm (30 po) de diamètre • 38,1 cm (15 po) de hauteur
En forme de dôme

## FEUILLE

17,8 cm (7 po) de longueur • 12,7 cm (5 po) de largeur
De forme ovale ou oblongue, plutôt luisante, ayant presque la forme d'un cœur, assez épaisse, elle a une forme rappelant une soucoupe et est légèrement ondulée. Elle est vert foncé et sa large marge crème devient blanche en s'approchant de son centre.

## FLEUR

De forme tubulaire, elle pousse sur une tige florale de 76,2 cm (30 po), elle est de couleur lavande et s'épanouit de la mi-juin à la mi-juillet.

## COMMENTAIRES

Mutation de H. 'Francee', ce hosta résiste aux limaces et a une croissance moyenne. L'American Hosta Growers Association l'a choisi comme «hosta de l'année» en 1997. Il sera à son meilleur s'il peut profiter du soleil du matin et ressortira à tout coup dans un groupe de hostas. C'est l'un des plus populaires sur le marché. On a déjà observé un spécimen mesurant 127 cm (50 po) de diamètre.

## *H.* 'Paul's Glory'

Enregistré par Peter Ruh et Paul Hofer, en Ohio, en 1987
Classification : III-6B

**PLANT**

66 cm (26 po) de diamètre • 43,2 cm (17 po) de hauteur
En forme de dôme dense

**FEUILLE**

15,9 cm (6 ¼ po) de longueur • 11,4 cm (4 ½ po) de largeur
De forme oblongue et large, légèrement bosselée, son centre est jaune pâle (chartreuse) devenant presque blanc et sa marge est bleu vert devenant vert foncé. Toutes les couleurs d'une
plante plus à l'ombre seront plus foncées.

**FLEUR**

En forme de clochette, elle pousse sur une tige florale de 61 cm (24 po), elle est de couleur
lavande pâle, presque blanche, et fleurit à la fin de juin et au début de juillet.

**COMMENTAIRES**

Mutation de *H.* 'Perry's True Blue', il fut le « hosta de l'année » en 1999. Il tolère bien le soleil
et ses feuilles ne brûleront pas. Il est beau du début à la fin de la saison et sa croissance est
rapide. Il est très spectaculaire dans un jardin.

# H. 'Peedee Gold Flash'

Enregistré par Ursula Syre-Herz, en Caroline du Sud, en 1987
Classification : IV-6B

## PLANT

45,7 cm (18 po) de diamètre • 25,4 cm (10 po) de hauteur
En forme de dôme érigé

## FEUILLE

12,7 cm (5 po) de longueur • 5,1 cm (2 po) de largeur
De forme élancée, un peu ondulée, elle a une texture bosselée et un pétiole rougeâtre. Son centre est chartreuse et sa petite marge est verte. La plante devient presque entièrement verte au cours de la saison (viridescent).

## FLEUR

En forme d'entonnoir, elle se dresse sur une tige florale de 30,5 cm (12 po), elle est de couleur lavande et éclôt de la mi-juin à la mi-juillet.

## COMMENTAIRES

Hybride de H. 'Kabitan', ce hosta a une croissance allant de moyenne à rapide. Il se multiplie rapidement et demeure un parfait sujet à planter dans une rocaille. On a déjà repéré un spécimen mesurant 81,3 cm (32 po) de diamètre.

## *H.* 'Petit Prince'

Créé par Jardins Osiris, mais non enregistré
Classification: V-2

### PLANT

20,3 cm (8 po) de diamètre • 10,2 cm (4 po) de hauteur
En forme de vase dense très symétrique

### FEUILLE

4,4 cm (1 ¾ po) de longueur • 2,5 cm (1 po) de largeur
En forme de cœur, elle est très jaune.

### FLEUR

En forme de clochette allongée, elle pousse sur une tige florale de 15,2 cm (6 po), elle est de couleur lavande, presque blanche, et s'épanouit à la mi-juillet. C'est une plante florifère.

### COMMENTAIRES

Ce hosta à croissance rapide est un spécimen très décoratif en bordure. Il pousse bien à l'ombre et en plein soleil, mais il préfère le soleil.

## *H.* 'Piedmont Gold'

Enregistré par F. Henry Payne, au Connecticut, en 1982
Classification : II-3

### PLANT

91,4 cm (36 po) de diamètre • 61 cm (24 po) de hauteur
En forme de dôme dense évasé.

### FEUILLE

20,3 cm (8 po) de longueur • 15,2 cm (6 po) de largeur
En forme de cœur, très allongée, sa surface est large et plate mais assez épaisse. Son contour
est plissé, ses veines sont proéminentes et ses pointes tordues. Elle est jaune foncé et garde
sa couleur même à l'ombre.

### FLEUR

En forme d'entonnoir, elle se dresse sur une tige florale de 66 cm (26 po), elle est de couleur
lavande pâle et s'ouvre à la fin de l'été. C'est une plante florifère.

### COMMENTAIRES

Ce hosta à croissance moyenne illuminera vos plates-bandes s'il est placé au centre ou à l'ar-
rière d'un aménagement. Il tolère le soleil mais sera plus beau à l'ombre. Il est lutescent, c'est-
à-dire qu'il sort de terre presque vert et devient jaune en mi-saison, puis garde sa couleur
jusqu'à l'automne. Il est considéré comme l'un des plus beaux hostas jaunes. Il peut atteindre
160 cm (63 po) de diamètre.

242

## *H.* 'Pineapple Upside Down Cake'

 Enregistré par Mark Zilis et R. Solberg en 1999
Classification : III-6B

**PLANT**

122 cm (48 po) de diamètre • 38,1 cm (15 po) de hauteur
En forme de dôme dense semi-érigé

**FEUILLE**

22,9 cm (9 po) de longueur • 8,9 cm (3 ½ po) de largeur
Élancée et ondulée, elle est vert pâle au printemps, puis son centre devient rapidement jaune doré, tandis que sa marge devient verte tirant sur le noir.

**FLEUR**

De forme tubulaire, elle se dresse sur une tige florale de 71,1 cm (28 po), elle est de couleur lavande et éclôt en fin d'été.

**COMMENTAIRES**

Ce hosta, un sport de *H.* 'Pineapple Poll', croît rapidement. Il est spectaculaire par son changement de couleurs. Planté au soleil, le centre de ses feuilles sera plus pâle.

## *H.* 'Pizzazz'

Enregistré par Paul Aden, à New York, en 1986
Classification : II-4B

**PLANT**

91,4 cm (36 po) de diamètre • 45,7 cm (18 po) de hauteur
En forme de dôme dense

**FEUILLE**

25,4 cm (10 po) de longueur • 20,3 cm (8 po) de largeur
Épaisse, en forme de cœur arrondi, ayant un peu la forme d'une soucoupe, très rugueuse et bosselée et marquée d'une légère ondulation, elle est bleu poudre et entourée d'une large bordure irrégulière crème. Cette bordure a tendance à se diriger vers le centre.

**FLEUR**

En forme de clochette, elle pousse sur une tige florale de 45,7 cm (18 po), elle est de couleur lavande, presque blanche, et éclôt en grappes de la fin de juillet à la mi-août.

**COMMENTAIRES**

De croissance moyenne, grâce à l'épaisseur de ses feuilles, ce hosta offre une bonne résistance aux limaces. Placé avec des cultivars à feuillage doré ou encore avec des plantes à fleurs bleues, il est du plus bel effet. Il préfère l'ombre.

244

## H. plantaginea

Espèce introduite par Fumio Maekawa en 1940
Classification : III-1

**PLANT**

145 cm (57 po) de diamètre • 63,5 cm (25 po) de hauteur
En forme de dôme

**FEUILLE**

27,9 cm (11 po) de longueur • 19,1 cm (7 ¹/₂ po) de largeur
Très épaisse, en forme de cœur très allongé, elle est luisante et très nervurée. Elle est vert
lime pâle.

**FLEUR**

En forme de trompette, elle pousse sur une tige florale de 76,2 cm (30 po), elle est blanche
et s'épanouit à la fin d'août et en septembre. Elle est très odorante. Ce hosta est florifère.

**COMMENTAIRES**

La plupart des *H. plantaginea* ont des floraisons très odorantes. C'est d'ailleurs la seule espèce
de hosta à fleurs odorantes que l'on retrouve dans son habitat naturel. Il aime pousser en
plein soleil : ses feuilles pâliront mais ne brûleront pas. C'est l'un des plus vieux hostas connus. On rapporte qu'il a été apporté en Hollande vers 1789 avant d'être envoyé aux États-
Unis.

Tous les cultivars provenant de ce hosta ont des
fleurs très parfumées.

## H. plantaginea 'Aphrodite'

Introduit par Fumio Maekawa en 1940 et reconnu par l'American Hosta Society en 1993
Classification : III-1

**PLANT**

127 cm (50 po) de diamètre • 61 cm (24 po) de hauteur
En forme de vase très symétrique

**FEUILLE**

27,9 cm (11 po) de longueur • 19,1 cm (7 ½ po) de largeur
Très épaisse, en forme de cœur très allongé, elle est luisante et très nervurée. Ses veines sont
proéminentes. Elle est vert pâle.

**FLEUR**

En forme de trompette, elle pousse sur une tige florale de 76,2 cm (30 po), elle est blanche
et s'épanouit à la fin du mois d'août et en septembre. Elle est double et très odorante.

**COMMENTAIRES**

La plupart des hostas ne sont pas cultivés pour leurs fleurs. 'Aphrodite' est l'exception à la
règle, car sa fleur est très odorante. Celle-ci est double, s'ouvre tard, et les risques qu'elle
avorte à cause du gel sont grands. Toutefois pour atteindre son plein rendement, cette plante
à croissance moyenne aura besoin de beaucoup de soleil, de températures chaudes et de
beaucoup d'eau. Elle sera belle isolée ou en groupe, mais il est bon de la planter près d'un
sentier afin que les visiteurs puissent profiter de son parfum. Elle résiste assez bien aux limaces
et se cultive très bien en contenant.

## H. 'Potomac Pride'

Enregistré par Tony Avent, en Caroline du Nord, en 1995
Classification : II-1

**PLANT**

122 cm (48 po) de diamètre • 71,1 cm (28 po) de hauteur
En forme de vase semi-érigé

**FEUILLE**

30,5 cm (12 po) de longueur • 17,8 cm (7 po) de largeur
Ovale avec un élargissement à sa base, en forme de soucoupe inversée, sa surface est luisante et bosselée, plutôt épaisse, et sa marge est lisse. Elle est bleu vert.

**FLEUR**

En forme d'araignée, elle pousse sur une tige florale de 86,4 cm (34 po), elle est de couleur lavande, presque blanche, et s'épanouit au début de juillet.

**COMMENTAIRES**

Croisement entre *H. yingeri* 'Treasure Island' et *H.* 'Blue Umbrellas', ce hosta a une croissance rapide et résiste bien aux limaces.

247

## *H.* 'Praying Hands'

Espèce enregistrée par Gerald Williams
Classification : IV-5B

**PLANT**

35,6 cm (14 po) de diamètre • 45,7 cm (18 po) de hauteur
En forme de vase érigé

**FEUILLE**

30,5 cm (12 po) de longueur • 1,3 cm ( $\frac{1}{2}$ po) de largeur
Très élancée elle est lisse mais tordue. Elle est verte avec une mince marge crème.

**FLEUR**

En forme de clochette, elle pousse sur une tige florale de 35,6 cm (14 po), elle est de couleur
lavande, presque blanche, et éclôt au milieu de l'été.

**COMMENTAIRES**

Ce magnifique hosta d'une croissance moyenne a une apparence qui diffère de tous les autres.
Il doit être planté en devanture si on veut l'apprécier à sa juste valeur. C'est Glen Williams
qui me l'a fait connaître en m'en donnant un plant.

## *H.* 'Prestige'

Créé par Jardins Osiris, mais non enregistré
Classification : II-6A

**PLANT**

137 cm (54 po) de diamètre • 91,4 cm (36 po) de hauteur
En forme de vase dense érigé

**FEUILLE**

20,3 cm (8 po) de longueur • 12,7 cm (5 po) de largeur
Épaisse, en forme de cœur très allongé, elle a un pétiole blanc. Elle est vert moyen et son centre va du blanc au crème.

**FLEUR**

En forme de clochette allongée, elle pousse sur une tige florale de 50,8 cm (20 po), elle est de couleur lavande, presque blanche, et s'ouvre à la mi-juillet. C'est un plant florifère.

**COMMENTAIRES**

D'une croissance moyenne, ce hosta est une excellente plante vedette qui convient très bien en arrière-plan. Ses pétioles blancs sont particulièrement attrayants. Il est très décoratif près d'un plan d'eau et profite autant de l'ombre que du plein soleil. Il offre une bonne résistance aux limaces.

Les tiges de feuille de ce cultivar sont blanches.

# H. 'Queen Josephine'

Enregistré par Kuk's Forest, en Ohio, en 1991
Classification : IV-4B

### PLANT

43,2 cm (17 po) de diamètre • 33 cm (13 po) de hauteur
En forme de vase dense érigé

### FEUILLE

15,2 cm (6 po) de longueur • 10,2 cm (4 po) de largeur
Épaisse, en forme de cœur, elle est très luisante. Elle est vert foncé et ornée d'une marge variable de couleur jaune devenant crème. Cette marge a tendance à s'orienter vers le centre de la feuille.

### FLEUR

En forme de clochette allongée, elle pousse sur une tige florale de 66 cm (26 po), elle est de couleur lavande et s'épanouit à la mi-juillet.

### COMMENTAIRES

Provenant d'une mutation de H. 'Josephine', ce hosta à croissance moyenne aime l'ombre et le plein soleil. Il offre une très bonne résistance aux limaces. On a déjà observé un spécimen mesurant plus de 107 cm (42 po).

# *H.* 'Rascal'

Enregistré par Robert M. Solberg, en Caroline du Nord, en 1991
Classification : II-6B

**PLANT**

140 cm (55 po) de diamètre • 63,5 cm (25 po) de hauteur
En forme de vase érigé

**FEUILLE**

22,9 cm (9 po) de longueur • 15,2 cm (6 po) de largeur
Légèrement repliée avec certaines rugosités, elle est jaune pâle et sa marge très irrégulière
est vert foncé. Son centre devient plus clair au fil de la saison.

**FLEUR**

De forme tubulaire, elle se dresse sur une tige florale de 76,2 cm (30 po), elle est lilas et éclôt
au début d'août.

**COMMENTAIRES**

Ce hosta, une mutation de *H.* 'Gold Regal', a une croissance moyenne. Il aime le soleil du
matin. Le contraste de ses teintes sera meilleur si on lui donne plus de luminosité.

## *H.* 'Raspberry Sorbet'

Enregistré par Doug Lohman et Mark Zilis, en Illinois, en 1999
Classification : III-1

**PLANT**

86,4 cm (34 po) de diamètre • 30,5 cm (12 po) de hauteur
En forme de dôme compact

**FEUILLE**

17,8 cm (7 po) de longueur • 9,5 cm (3 $^3/_4$ po) de largeur
De forme ovale, assez élancée, elle est épaisse, froissée, luisante et ondulée, et son bout est pointu. Son pétiole est rougeâtre et sa surface vert foncé.

**FLEUR**

En forme de clochette, elle pousse sur une tige florale rougeâtre de 50,8 cm (20 po), elle est de couleur pourpre et s'épanouit au mois d'août. Elle est odorante.

**COMMENTAIRES**

Ce hosta, un hybride de *H. rupifraga* et de *H.* 'Shining Tot', est nouveau et c'est le plus original des petits hostas verts à apparaître sur le marché. De croissance moyenne, il donne tout un spectacle lorsqu'il est en fleurs. Bien qu'il préfère l'ombre, il supporte assez bien le soleil. Cette plante se révèle une espèce très prometteuse dans l'univers des hostas, car son pétiole et sa hampe florale sont rouges.

## H. 'Regal Splendor'

Enregistré par Walters Gardens, au Michigan, en 1987
Classification : II-4B

### PLANT
91,4 cm (36 po) de diamètre • 91,4 cm (36 po) de hauteur
En forme de dôme dense érigé

### FEUILLE
35,6 cm (14 po) de longueur • 17,8 cm (7 po) de largeur
En forme de cœur, légèrement ondulée, elle est assez épaisse. Elle est bleu gris et sa marge irrégulière est jaune crème.

### FLEUR
En forme de clochette, elle pousse sur une tige florale de 122 cm (48 po), elle est de couleur lavande pâle et s'ouvre de la mi-juin à la mi-juillet.

### COMMENTAIRES
D'une croissance moyenne, ce hosta est une mutation de H. 'Krossa Regal'. Il doit être planté à l'ombre si l'on veut qu'il garde sa teinte bleutée. C'est une copie de H. 'Krossa Regal' avec une marge crème. Il fait une magnifique plante vedette et résiste bien aux limaces. Il est le « hosta de l'année » 2003. On en a observé un qui mesurait 183 cm (72 po) de diamètre.

## H. 'Reversed'

Enregistré par Paul Aden, à New York, en 1978
Classification : III-6A

**PLANT**

114 cm (45 po) de diamètre • 40,6 cm (16 po) de hauteur
En forme de dôme modérément dense

**FEUILLE**

20,3 cm (8 po) de longueur • 15,2 cm (6 po) de largeur
Élancée, plutôt épaisse, son centre est jaunâtre et sa marge irrégulière est verte.

**FLEUR**

En forme d'entonnoir, elle se dresse sur une tige florale de 61 cm (24 po), elle est de couleur lavande, presque blanche, et éclôt de la mi-juillet à la mi-août. C'est une plante florifère.

**COMMENTAIRES**

Ce hosta à croissance rapide, une mutation de *H. sieboldiana*, s'adapte bien aux températures chaudes et ses feuilles gardent leurs couleurs et leurs formes. Grâce à ses feuilles qui sont épaisses, il offre une bonne résistance aux limaces. Il tolère le soleil du matin et le soleil de fin de journée. Il peut atteindre 160 cm (63 po) de diamètre.

# H. 'Revolution'

Enregistré par Walters/G. Van Eijk-Bos/Dirk Van Erven en 2000
Classification : IV-6A

**PLANT**

88,9 cm (35 po) de diamètre • 50,8 cm (20 po) de hauteur
En forme de dôme dense symétrique

**FEUILLE**

22,9 cm (9 po) de longueur • 10,2 cm (4 po) de largeur
En forme de cœur, assez épaisse et luisante, elle a également la forme d'une soucoupe allongée. Sa couleur est inusitée : son centre est crème et garni de petits picots verts, ce qui est
très rare. Elle possède une bordure verte presque noire.

**FLEUR**

En forme d'entonnoir, elle se dresse sur une tige florale de 50,8 cm (20 po), elle est de couleur lavande, presque blanche, et s'épanouit au mois d'août.

**COMMENTAIRES**

H. 'Revolution', un autre sport de H. 'Loyalist', fait partie de la même lignée de H. 'Patriot' et
de H. 'Fire and Ice'. Il résiste bien aux limaces. Il se distingue de ses semblables par les picots
qui apparaissent sur ses feuilles. Il aime le soleil du matin.

## H. 'Richland Gold'

Enregistré par Van R. Wade, en Ohio, en 1987
Classification : III-3

**PLANT**

76,2 cm (30 po) de diamètre • 35,6 cm (14 po) de hauteur
En forme de dôme dense érigé

**FEUILLE**

21,6 cm (8 ½ po) de longueur • 15,2 cm (6 po) de largeur
Ovale, presque en forme de cœur, assez épaisse, elle est bosselée. Elle varie entre le jaune pâle et le jaune vert et devient plus dorée à maturité.

**FLEUR**

En forme de clochette, elle pousse sur une tige florale de 45,7 cm (18 po), elle est de couleur lavande, presque blanche, et s'ouvre de la mi-juillet à la mi-août.

**COMMENTAIRES**

Mutation de H. 'Gold Standard', ce hosta qui tolère le soleil du matin fera un beau contraste avec les hostas à feuillage bleu ou vert. Ses couleurs évoluent en saison, passant du vert pâle au printemps au jaune en saison. Il croît rapidement et se multiplie facilement.

## H. 'Rising Sun'

Enregistré par Kevin C. Vaughn, en Ohio, en 1988
Classification : III-3

**PLANT**

86,4 cm (34 po) de diamètre • 71,1 cm (28 po) de hauteur
En forme de dôme dense érigé

**FEUILLE**

25,4 cm (10 po) de longueur • 14 cm ( 5 ½ po) de largeur
Ovale, presque en forme de cœur, elle est luisante, plutôt épaisse et pointue. Ses côtés et sa pointe sont tournés vers le sol. Elle est d'un jaune citron très éclatant.

**FLEUR**

En forme de clochette, elle pousse en grappes sur une tige florale de 91,4 cm (36 po), elle est de couleur lavande et éclôt au mois d'août.

**COMMENTAIRES**

Hybride de H. 'Summer Fragrance' et de H. 'Aztec Treasure', ce hosta d'une croissance moyenne tolère le soleil du matin.

257

## *H.* 'Royal Standard'

Enregistré par Grulleman/Wayside Gardens, en Ohio, en 1986
Classification : III-1

### PLANT

160 cm (63 po) de diamètre • 66 cm (26 po) de hauteur
De forme érigée

### FEUILLE

22,9 cm (9 po) de longueur • 15,2 cm (6 po) de largeur
En forme de cœur, légèrement ondulée dans sa marge, elle a un reflet luisant sur sa surface.
Elle est vert moyen.

### FLEUR

En forme de trompette, elle pousse sur une tige florale de 91,4 cm (36 po), elle est blanche
et s'épanouit de la mi-août au début de septembre. Elle est odorante et le plant est florifère.

### COMMENTAIRES

Issu d'un croisement entre *H. plantaginea* et *H. sieboldiana*, ce hosta à croissance rapide est
extrêmement résistant et tolère le plein soleil ainsi qu'une bonne sécheresse. Non seulement
il est très décoratif, mais il est aussi très facile d'entretien. Le mieux est de le planter à la mi-
ombre. Dans un jardin, l'odeur de sa floraison est enivrante. Quand il est en fleur, vous obtenez un traitement « royal », car vous pouvez le humer partout au jardin.

258

## *H.* 'Royal Tiara'

Enregistré par Mark Zilis, en Illinois, en 1988
Classification : V-6A

### PLANT

38,1 cm (15 po) de diamètre • 20,3 cm (8 po) de hauteur
En forme de dôme érigé

### FEUILLE

10,2 cm (4 po) de longueur • 6,4 cm (2 ½ po) de largeur
De forme élancée et fortement tordue – une forme unique –, elle est blanche avec une marge vert jaune chartreuse qui varie de largeur.

### FLEUR

En forme de clochette, elle pousse sur une tige florale de 55,9 cm (22 po), elle est de couleur lavande et s'épanouit à la mi-juillet.

### COMMENTAIRES

Provenant d'une mutation de *H.* 'Jade Scepter', ce hosta d'une croissance moyenne est exceptionnel par la forme de son feuillage.

# H. 'Sagae'

Enregistré par K. Watanabe en 1996
Classification : II-5B

**PLANT**

137 cm (54 po) de diamètre • 50,8 cm (20 po) de hauteur
En forme de vase dense érigé

**FEUILLE**

31,8 cm (12 $\frac{1}{2}$ po) de longueur • 24,1 cm (9 $\frac{1}{2}$ po) de largeur
En forme de cœur allongé, assez luisante et pointant vers le haut, satinée et épaisse, elle a
une légère ondulation lui donnant la forme d'une soucoupe. Elle est bleu vert mousse et sa
marge irrégulière est jaune crème. Celle-ci devient blanche plus tard en saison et plus large
avec les années.

**FLEUR**

En forme d'entonnoir, elle se dresse sur une tige florale de 86,4 cm (34 po), elle est de couleur lavande, presque blanche, et s'ouvre tôt au mois d'août.

**COMMENTAIRES**

Souvent appelé H. *fluctuans* 'Variegated', ce hosta à croissance lente devient majestueux avec
l'âge. Toutefois il est lent à s'établir. Il fait une attrayante plante vedette. Il a été choisi « hosta
de l'année » en 2000. Il tolère un ensoleillement moyen et se cultive très facilement en contenant. Il offre une bonne résistance aux limaces. J'ai déjà vu un spécimen qui avait plus de
183 cm (72 po) de diamètre.

## *H.* 'Salute'

Enregistré par Herb et Dorothy Benedict, au Michigan, en 1995
Classification : III-2

**PLANT**

38,1 cm (15 po) de diamètre • 20,3 cm (8 po) de hauteur
En forme semi-érigée dense

**FEUILLE**

20,3 cm (8 po) de longueur • 10,2 cm (4 po) de largeur
Ovale, étroite, très élancée et pointue, elle est très gaufrée à sa base. Ses veines sont proéminentes. Elle est bleu vert foncé et sa très fine marge légèrement tordue est blanche.

**FLEUR**

De forme tubulaire, elle pousse sur une tige florale de 61 cm (24 po), elle est blanche et fleurit à la fin de juillet et au début d'août.

**COMMENTAIRES**

Hybride de *H.* 'Dorset Blue', ce hosta à croissance moyenne ressemble à *H.* 'Krossa Regal' en
plus petit. On peut le planter en isolé comme plante vedette ou en arrière-plan. Il résiste
bien aux limaces.

## *H.* 'Sea Monster'

Enregistré par Mildred Seaver, au Massachusetts, en 1978
Classification : I-1

**PLANT**

102 cm (40 po) de diamètre • 66 cm (26 po) de hauteur
En forme de dôme dense symétrique

**FEUILLE**

27,9 cm (11 po) de longueur • 15,2 cm (6 po) de largeur
En forme de cœur, assez épaisse, elle a tendance à prendre la forme d'une soucoupe. Plus elle
approche de sa maturité plus elle est rugueuse. Elle pousse dans toutes les directions. Elle
est d'un vert pâle assez luisant.

**FLEUR**

En forme de clochette, elle pousse sur une tige florale de 71,1 cm (28 po), elle est blanche et
éclôt au début de juillet.

**COMMENTAIRES**

Hybride de *H.* 'Brookwood Blue', ce hosta à croissante lente est très résistant aux limaces et
ses feuilles sont parmi les plus grandes du genre. On a déjà vu des spécimens ayant plus de
165 cm (65 po) de diamètre.

## *H.* 'Sea Sapphire'

Créé par Mildred Seaver, au Minnesota, mais non enregistré
Classification : II-2

**PLANT**

102 cm (40 po) de diamètre • 50,8 cm (20 po) de hauteur
En forme de dôme

**FEUILLE**

20,3 cm (8 po) de longueur • 17,8 cm (7 po) de largeur
De forme arrondie et assez épaisse mais lisse, elle ressemble à une soucoupe très rugueuse.
Elle est bleu vert foncé.

**FLEUR**

En forme de clochette sur une tige florale de 71,1 cm (28 po), elle est de couleur lavande et
s'ouvre au début de juillet.

**COMMENTAIRES**

Ce hosta très vigoureux à croissance lente résiste très efficacement aux limaces. La couleur
de ses feuilles deviendra plus foncée lorsque le plant aura atteint sa maturité.

## *H.* 'September Sun'

Enregistré par Robert M. Solberg. en Caroline du Nord, en 1985
Classification : III-6B

**PLANT**

86,4 cm (34 po) de diamètre • 55,9 cm (22 po) de hauteur
En forme de dôme dense

**FEUILLE**

24,1 cm (9 ½ po) de longueur • 17,8 cm (7 po) de largeur
Presque ronde et bosselée, son centre est jaune et sa marge verte. À la fin de la saison celle-ci sera vert foncé.

**FLEUR**

En forme de clochette, elle pousse sur une tige florale de 66 cm (26 po), elle est de couleur lavande, presque blanche, et s'épanouit de la fin de juin à la mi-juillet.

**COMMENTAIRES**

Mutation de *H.* 'August Moon', ce hosta garde ses couleurs durant tout l'été et tolère le mi-soleil. Il a une croissance qui va de moyenne à rapide et résiste plutôt bien aux limaces. On a déjà observé un spécimen mesurant 155 m (61 po) de diamètre.

## *H.* 'Shade Fanfare'

Enregistré par Paul Aden, à New York, en 1986
Classification : III-4A

**PLANT**

55,9 cm (22 po) de diamètre • 35,6 cm (14 po) de hauteur
En forme de dôme dense

**FEUILLE**

19,1 cm (7 ½ po) de longueur • 12,7 cm (5 po) de largeur
En forme de cœur, assez élargie presque ronde, elle a aussi la forme d'une soucoupe et elle est rugueuse et épaisse. Elle est de couleur vert chartreuse et sa marge moyenne vert crème sera plus jaune au soleil.

**FLEUR**

En forme d'entonnoir, elle se dresse sur une tige florale de 61 cm (24 po), elle est de couleur lavande et éclôt à la fin de juillet. Cette plante est florifère.

**COMMENTAIRES**

Mutation de *H.* 'Flamboyant', ce hosta résiste aux limaces, croît rapidement et se multiplie aisément. Il tolère le soleil, mais il doit être planté dans un sol humide. C'est un beau spécimen à placer en arrière-plan. Il illuminera les plates-bandes à l'ombre.

265

# H. sieboldiana 'Elegans'

Enregistré par l'American Hosta Society en 1987
Classification : I-2

**PLANT**

102 cm (40 po) de diamètre • 50,8 cm (20 po) de hauteur
En forme de dôme compact

**FEUILLE**

35,6 cm (14 po) de longueur • 30,5 cm (12 po) de largeur
En forme de cœur, arrondie et assez épaisse, elle est très bosselée. Ses veines sont proéminentes. Elle est bleu vert foncé, mais plus bleue en début de saison.

**FLEUR**

En forme de clochette, elle pousse sur une tige florale de 61 cm (24 po), elle est blanche et s'ouvre en juin. C'est l'un des premiers hostas à fleurir, mais ses fleurs sont souvent cachées par son feuillage. Elle est odorante.

**COMMENTAIRES**

Originaire du Japon, ce hosta est le grand-père de tous les hostas aux feuillages bleus. Il tolère le soleil, mais préfère les endroits ombragés. Il aime un sol enrichi avec du compost. Dans un aménagement il fera un bon compagnon au *H.* 'Sum and Substance'. Il résiste aux limaces et demeure un des hostas les plus populaires. On remarque souvent des variantes dans la forme de ce hosta, car il est souvent produit à partir des semences. C'est un magnifique spécimen que l'on peut placer en devanture, près de l'entrée principale. De plus il s'adapte aux endroits humides ou secs. Il pousse lentement au début puis grossit plus rapidement. Je suggère donc d'acheter le plant le plus gros que l'on peut trouver. J'ai déjà pu voir un spécimen mesurant plus de 190 cm (75 po) de diamètre.

# H. 'Silver Bowl'

Enregistré par Eunice V. Fisher en 1986
Classification : II-2

**PLANT**

145 cm (57 po) de diamètre • 58,4 cm (23 po) de hauteur
En forme de dôme

**FEUILLE**

30,5 cm (12 po) de longueur • 26,7 cm (10 ½ po) de largeur
En forme de cœur, très arrondie, très épaisse, très bosselée et luisante, elle a aussi la forme prononcée d'une soucoupe. Elle pousse irrégulièrement sur le plant. Elle est bleu vert foncé se changeant en vert très foncé durant la saison.

**FLEUR**

En forme de clochette, elle pousse sur une tige florale de 61 cm (24 po), elle est blanche et s'épanouit en juin.

**COMMENTAIRES**

Hybride de *H.* 'Tokudama', ce hosta a été introduit par M^me Fisher en 1970, mais elle l'a enregistré seulement en 1986. Ses feuilles en forme de soucoupe au dessous argenté donnent un bel effet au jardin. Elles retiennent l'eau et les petits oiseaux s'en servent souvent comme abreuvoir. La croissance de ce hosta est lente, ce qui le rend difficile à trouver. Il résiste aux limaces.

## *H.* 'Silver Giant'

Enregistré par Clarence Owens, au Michigan, en 1987
Classification : I-2

**PLANT**

122 cm (48 po) de diamètre • 71,1 cm (28 po) de hauteur
En forme de dôme dense érigé

**FEUILLE**

35,6 cm (14 po) de longueur • 33 cm (13 po) de largeur
En forme de cœur allongé, gaufrée et épaisse, sa marge montre une légère ondulation. Elle
est bleu gris argent.

**FLEUR**

En forme de clochette, elle pousse sur une tige florale de 61 cm (24 po), elle est blanche et
s'épanouit de la fin de juin à la mi-juillet.

**COMMENTAIRES**

Hybride de *H. sieboldiana* 'Mira', ce hosta résiste aux limaces et a une croissance moyenne.

## *H.* 'So Sweet'

Enregistré par Paul Aden en 1986
Classification : III-4B

### PLANT

55,9 cm (22 po) de diamètre • 35,6 cm (14 po) de hauteur
En forme de dôme dense

### FEUILLE

17,8 cm (7 po) de longueur • 11,5 cm (4 ½ po) de largeur
De forme élancée et très luisante, elle est vert pâle au début de sa croissance et sa large
marge dorée devient rapidement blanche.

### FLEUR

En forme d'entonnoir, elle se dresse sur une tige florale de 55,9 cm (22 po), elle est blanche
et éclôt tôt au mois d'août. Elle est très odorante.

### COMMENTAIRES

Ce hosta, un hybride de *H.* 'Fragrant Bouquet', est un des meilleurs hostas panachés. Il est
toujours un des premiers à sortir de terre au printemps et sa croissance est moyenne. Cependant, il atteint rapidement sa maturité. Il a été choisi «hosta de l'année» en 1996. C'est un
sujet idéal pour les plantations en groupe qui tolère le soleil. Parce qu'il est odorant il est
bon de le planter dans un endroit où on peut sentir son parfum. Depuis la date de son enregistrement, on a vu des spécimens mesurant plus de 127 cm (50 po) de diamètre.

# *H.* 'Spilt Milk'

Enregistré par M. Seaver en 1999
Classification : III-7

**PLANT**

61 cm (24 po) de diamètre • 35,6 cm (14 po) de hauteur
En forme de dôme

**FEUILLE**

25,4 cm (10 po) de longueur • 20,3 cm (8 po) de largeur
En forme de cœur, arrondie, d'une texture assez épaisse, elle a un peu la forme d'une soucoupe et ses nervures sont prononcées. Elle est de couleur bleu vert avec des lignes blanches parsemant sa surface. Elle a une apparence délavée.

**FLEUR**

En forme de clochette, elle pousse sur une tige florale de 50,8 cm (20 po), elle est blanche et s'ouvre au milieu de l'été.

**COMMENTAIRES**

Hybride de *H.* 'Tokudama', ce hosta à croissance lente résiste aux limaces. C'est une plante qui aura des admirateurs. On a déjà observé un spécimen mesurant 132 cm (52 po) de diamètre.

## *H.* 'Squash Casserole'

Enregistré par Tony Avent, en Caroline du Nord, en 1995
Classification : III-3

**PLANT**

117 cm (46 po) de diamètre • 50,8 cm (20 po) de hauteur
En forme de dôme assez dense

**FEUILLE**

27,9 cm (11 po) de longueur • 15,2 cm (6 po) de largeur
De forme ovale très allongée, plutôt épaisse, elle est légèrement froissée et ondulée.
Lorsqu'elle émerge du sol au printemps, elle est de couleur verte et devient ensuite jaune or.

**FLEUR**

De forme tubulaire, elle pousse sur une tige florale de 50,8 cm (20 po), elle est de couleur
lavande et éclôt en juin et en juillet.

**COMMENTAIRES**

Issu d'un croisement entre *H.* 'Hirao Elite' et *H.* 'August Moon', ce hosta à croissance moyenne
tolère le soleil, surtout s'il est placé dans un endroit humide. Il offre une bonne résistance
aux limaces.

## *H.* 'Stetson'

Enregistré par Walters Gardens, au Michigan, en 1997
Classification : III-5B

**PLANT**

66 cm (26 po) de diamètre • 45,7 cm (18 po) de hauteur
En forme de dôme dense

**FEUILLE**

17,8 cm (7 po) de longueur • 10,2 cm (4 po) de largeur
De forme ovale, luisante et repliée sur elle-même, elle est aussi passablement ondulée. Elle
est vert moyen et sa large marge est jaune doré.

**FLEUR**

De forme tubulaire, elle pousse sur une tige florale de 61 cm (24 po), elle est de couleur lavande
et s'épanouit de la mi-juillet à la mi-août.

**COMMENTAIRES**

Ce hosta à croissance rapide est un sport de *H.* 'Wide Brim'. À l'ombre, ses feuilles sont ondulées, mais très plates ; au soleil, elles seront repliées sur ses côtés. Il ressemble à un chapeau
de cow-boy.

## H. 'Stiletto'

Enregistré par Paul Aden, à New York, en 1987
Classification : IV-4B

**PLANT**

20,3 cm (8 po) de diamètre • 15,2 cm (6 po) de hauteur
En forme de dôme assez dense

**FEUILLE**

17,8 cm (7 po) de longueur • 1,9 cm (³⁄₄ po) de largeur
De forme très élancée et très ondulée, elle est verte et sa fine marge est blanche.

**FLEUR**

En forme d'entonnoir, elle se dresse sur une tige florale de 45,7 cm (18 po), elle est de couleur lavande et éclôt de la mi-juillet à la mi-août.

**COMMENTAIRES**

Ce hosta est attrayant dans les bordures et les rocailles. On dit qu'il a une croissance rapide.

# H. 'Striptease'

Enregistré par Richard et Criss Thompson, en Virginie, en 1991
Classification : III-6B

**PLANT**

91,4 cm (36 po) de diamètre • 50,8 cm (20 po) de hauteur
En forme de dôme

**FEUILLE**

15,2 cm (6 po) de longueur • 10,2 cm (4 po) de largeur
De forme oblongue, elle a une texture très épaisse et très satinée. Elle est chartreuse et sa marge très large est verte. On dirait une feuille imprimée sur une autre.

**FLEUR**

En forme de trompette, elle pousse sur une tige florale de 61 cm (24 po), elle est violette et s'épanouit en juillet.

**COMMENTAIRES**

Mutation de H. 'Gold Standard', ce hosta possède des feuilles très distinctives : sur chaque feuille panachée, une deuxième ligne blanche longe le pourtour du centre. Il tolère l'ensoleillement et résiste aux limaces. On dit qu'il peut mesurer jusqu'à 127 cm (50 po) de diamètre.

# *H.* 'Sugar and Cream'

Enregistré par Mark R. Zilis, en Illinois, en 1984
Classification : III-4B

**PLANT**

127 cm (50 po) de diamètre • 55,9 cm (22 po) de hauteur
En forme de dôme érigé et évasé

**FEUILLE**

22,9 cm (9 po) de longueur • 11,4 cm (4 ½ po) de largeur
De forme oblongue, très allongée, elle est légèrement ondulée. Elle est vert foncé et sa marge
est crème.

**FLEUR**

En forme de clochette, elle pousse sur une tige florale de 109 cm (43 po), elle est lavande
pâle et s'ouvre de la mi-août au début de septembre. Ce hosta est florifère.

**COMMENTAIRES**

De croissance rapide, ce hosta est une mutation de *H.* 'Honeybells'. Il est un des plus parfumés et tolère un bon ensoleillement.

## *H.* 'Sum and Substance'

Enregistré par Paul Aden, à New York, en 1980
Classification : I-3

**PLANT**

152 cm (60 po) de diamètre • 91,4 cm (36 po) de hauteur
En forme de dôme érigé dense

**FEUILLE**

45,7 cm (18 po) de longueur • 38 cm (15 po) de largeur
De forme arrondie, un peu allongée, elle a un reflet luisant sur sa surface. Elle est épaisse et ses veines sont très prononcées. Elle est la plus grosse de l'espèce. Elle est chartreuse doré et devient plus jaune tard en saison.

**FLEUR**

En forme d'entonnoir, elle se dresse sur une tige florale de 183 cm (72 po), elle est blanche et s'épanouit de la mi-juillet à la mi-août.

**COMMENTAIRES**

Jouissant d'une très grande popularité depuis quelques années, *H.* 'Sum and Substance' vient d'être déclaré hosta de l'année 2004. Ce hosta a une croissance rapide et peut atteindre jusqu'à 274 cm (9 pi) dans les meilleures conditions. C'est le plus gros hosta jamais enregistré. Dans un aménagement il peut se placer n'importe où : il sera le point de mire. J'ai personnellement mesuré un spécimen du jardin de Van Wade et il mesurait plus de 290 cm (9 $\frac{1}{2}$ pi) de diamètre. Il semble que ce soit le plus gros hosta existant.

## *H.* 'Summer Breeze'

Introduit par Mark Zilis en 1999
Classification : III-5B

**PLANT**

127 cm (50 po) de diamètre • 55,9 cm (22 po) de hauteur
En forme de dôme dense

**FEUILLE**

21,6 cm (8 $\frac{1}{2}$ po) de longueur • 16,5 cm (6 $\frac{1}{2}$ po) de largeur
En forme de cœur, très élargie et ondulée, elle est rugueuse mais luisante. Son centre est vert
et sa très large marge extérieure est jaune or.

**FLEUR**

En forme d'entonnoir, elle pousse sur une tige florale de 76,2 cm (30 po), elle est lavande pâle
et éclôt en juillet.

**COMMENTAIRES**

Ce hosta est un sport de *H.* 'Summer Music' d'une croissance moyenne.

277

## *H.* 'Summer Joy'

Introduit par R. Klehm, en Illinois, en 1998
Classification : III-6A

**PLANT**

50,8 cm (20 po) de diamètre • 25,4 cm (10 po) de hauteur
En forme de dôme érigé

**FEUILLE**

17,8 cm (7 po) de longueur • 15,2 cm (6 po) de largeur
De forme ovale, très élargie et ondulée, elle est luisante. Elle est blanche et sa large marge est bleu vert parsemée de taches vertes.

**FLEUR**

En forme de clochette, elle pousse sur une tige florale de 30,5 cm (12 po), elle est blanche et s'ouvre en juillet.

**COMMENTAIRES**

Ce hosta, un sport de *H.* 'Blue Moon', a une croissance rapide et n'aime pas le soleil.

## *H.* 'Summer Music'

Introduit par R. Klehm, en Illinois, en 1998
Classification : III-6A

**PLANT**

61 cm (24 po) de diamètre • 35,6 cm (14 po) de hauteur
En forme de dôme érigé

**FEUILLE**

17,8 cm (7 po) de longueur • 15,2 cm (6 po) de largeur
En forme de cœur, elle est très élargie et légèrement tordue. Son centre est blanc et sa marge extérieure est chartreuse ou entre le jaune or, le blanc et le chartreuse.

**FLEUR**

De forme tubulaire, elle se dresse sur une tige florale de 43,2 cm (17 po), elle est lavande pâle et s'épanouit en août.

**COMMENTAIRES**

Ce hosta, un sport de *H.* 'Shade Master', a une croissance moyenne. Même si on dit qu'il peut tolérer le soleil, ses feuilles brûleront s'il en a trop et deviendront minces et claires. C'est un magnifique hosta trois couleurs.

## *H.* 'Sun Power'

Enregistré par Paul Aden, à New York, en 1986
Classification : II-3

**PLANT**

91,4 cm (36 po) de diamètre • 61 cm (24 po) de hauteur
De forme érigée

**FEUILLE**

25,4 cm (10 po) de longueur • 19,1 cm (7 ½ po) de largeur
Lorsque le plant est jeune, la feuille est ovale, très allongée et ondulée. Elle prend la forme d'un cœur lorsque la plante atteint sa maturité. Elle est entre le chartreuse pâle et le jaune pâle. Ce hosta gardera sa couleur toute la saison. Plus à l'ombre, il est plus vert.

**FLEUR**

En forme d'entonnoir, elle se dresse sur une tige florale de 91,4 cm (36 po), elle est de couleur lavande pâle et s'ouvre de la mi-juillet à la mi-août. Ce plant est florifère.

**COMMENTAIRES**

Ce hosta sera plus doré en plein soleil, surtout s'il a le soleil du matin. Cependant, s'il profite de trop d'ensoleillement ses feuilles brûleront. Il est lutescent, c'est-à-dire qu'il est vert au printemps et devient jaune au cours de la saison. Ses feuilles dorées et pointues, combinées à la forme érigée du plant, en font un sujet remarqué. De croissance rapide, un peu parfumé, il garde sa couleur jusqu'au premier gel.

## *H.* 'Sweet Susan'

Introduit par Frances Williams/C. Williams, au Massachusetts, en 1986
Classification : III-1

**PLANT**

127 cm (50 po) de diamètre • 55,9 cm (22 po) de hauteur
En forme de dôme dense

**FEUILLE**

25,4 cm (10 po) de longueur • 12,7 cm (5 po) de largeur
En forme de cœur allongé, elle est lisse et luisante. Elle est vert moyen.

**FLEUR**

En forme d'entonnoir, elle pousse sur une tige florale de 88,9 cm (35 po), elle est de couleur lavande, éclôt très tôt au printemps et réapparaît en septembre. Elle est très odorante.

**COMMENTAIRES**

Issu d'un croisement entre *H. sieboldii* et *H. plantaginea*, ce hosta à croissance rapide tolère l'ensoleillement et sa fleur est odorante.

## *H. tardiflora*

Espèce introduite par William Thomas Stearns en 1838
Classification : IV-1

**PLANT**

45,7 cm (18 po) de diamètre • 38,1 cm (15 po) de hauteur
En forme de vase semi-érigé

**FEUILLE**

17,1 cm (6 ¾ po) de longueur • 7,6 cm (3 po) de largeur
Très épaisse et de forme élancée, elle est luisante et son pétiole légèrement ondulé est rougeâtre. Elle est vert foncé.

**FLEUR**

De forme tubulaire, elle pousse sur une tige florale de 50,8 cm (20 po), elle est de couleur lavande, presque blanche, et s'ouvre à la fin de juillet. Elle pousse en grappes d'une vingtaine de fleurs.

**COMMENTAIRES**

Cette espèce, une des plus petites, est très estimée, tant pour son utilisation au jardin qu'en hybridation. Ce hosta pousse très rapidement au printemps, puis subit une nouvelle poussée plus tard en saison. On l'appelle souvent « le hosta en plastique » en raison de son feuillage résistant et durable. Celui-ci demeure beau jusqu'au premier gel. En période de grandes chaleurs, il tombe en semi-dormance, mais ses racines continuent de croître. Ce hosta pousse très bien sous les conifères et résiste bien aux limaces.

## *H.* 'Tattoo'

Enregistré par Tony Avent, en Caroline du Nord, en 1998
Classification : IV-7

**PLANT**

30,5 cm (12 po) de diamètre • 15,2 cm (6 po) de hauteur
En forme de dôme

**FEUILLE**

6,4 cm (2 ½ po) de longueur • 6,4 cm (2 ½ po) de largeur
En forme de cœur très élargi, elle a un peu la forme d'une soucoupe. Elle est chartreuse et
sa large marge est vert pomme. L'intérieur ressemble à une feuille d'érable.

**FLEUR**

En forme de clochette, elle pousse sur une tige florale de 30,5 cm (12 po), elle est de couleur
lavande et s'épanouit au début de la saison.

**COMMENTAIRES**

Ce hosta, un sport de *H.* 'Little Aurora', a une croissance rapide s'il est planté au bon endroit.
Par contre, il est imprévisible et pourrait même disparaître le printemps suivant.

## *H.* 'Tiny Tears'

Enregistré par Robert P. Savory, au Minnesota, en 1977
Classification : VI-1

### PLANT

10,2 cm (4 po) de diamètre • 5,1 cm (2 po) de hauteur
En forme de dôme dense et compact

### FEUILLE

8,9 cm (3 ½ po) de longueur • 6,4 cm (2 ½ po) de largeur
En forme de cœur miniature (une petite larme), elle est unie et lisse. Elle est vert moyen.

### FLEUR

En forme de clochette, elle pousse sur une tige florale de 30,5 cm (12 po), elle est de couleur
pourpre foncé et s'ouvre à la fin de juin et au début de juillet. C'est un hosta florifère.

### COMMENTAIRES

Hybride de *H. venusta,* c'est l'un des plus petits hostas. Il demande une meilleure protection
hivernale que les autres et sa croissance est moyenne. Il est idéal lorsqu'on le plante dans les
jardins alpins, les rocailles ou encore dans les bordures, et sera superbe dans un aménagement en pot. Il peut accepter un peu de soleil. On dit qu'il peut atteindre jusqu'à 50,8 cm
(20 po) de diamètre.

## *H.* 'Titanic'

Enregistré par H. Hansen en 1999
Classification : I-5B

**PLANT**

102 cm (40 po) de diamètre • 45,7 cm (18 po) de hauteur
En forme de vase dense érigé

**FEUILLE**

34,3 cm (13 ½ po) de longueur • 30,5 cm (12 po) de largeur
Presque ronde, grande, luisante, avec une légère ondulation, elle est rugueuse. Elle est vert
chartreuse et sa large marge est dorée.

**FLEUR**

De forme tubulaire, très grosse, elle pousse sur une tige florale de 86,4 cm (34 po), elle est
de couleur lavande, presque blanche, et s'épanouit au milieu de l'été.

**COMMENTAIRES**

Ce hosta, un sport de *H.* 'Sum and Substance', deviendra immense comme son nom l'indique.
En pleine maturité, il devrait mesurer jusqu'à 274 cm (9 pi) de diamètre. Il faut donc le planter dans un endroit où l'espace n'est pas restreint. Il résiste bien aux limaces et tolère le soleil.

285

## *H.* 'Tot Tot'

Enregistré par Paul Aden, à New York, en 1978
Classification : V-1

**PLANT**

20,3 cm (8 po) de diamètre • 10,2 cm (4 po) de hauteur
En forme de dôme dense érigé

**FEUILLE**

6,4 cm (2 ½ po ) de longueur • 5,1 cm (2 po) de largeur
En forme de cœur allongé, elle est bleue, presque verte.

**FLEUR**

En forme de clochette, elle pousse sur une tige florale de 38,1 cm (15 po), elle est de couleur
pourpre et s'ouvre de la mi-juillet à la mi-août.

**COMMENTAIRES**

Hybride de *H.* 'Blue Cadet' et de *H. venusta*, ce hosta est éclatant lorsqu'il est en fleur. Il est
très décoratif en bordure ou dans une rocaille et sa croissance est moyenne. On dit qu'il peut
mesurer 50,8 cm (20 po) de diamètre.

## H. 'True Blue'

Enregistré par Paul Aden, à New York, en 1978
Classification : II-2

**PLANT**

132 cm (52 po) de diamètre • 76,2 cm (30 po) de hauteur
En forme de dôme

**FEUILLE**

30,5 cm (12 po) de longueur • 22,9 cm (9 po) de largeur
En forme de cœur, très allongée, très épaisse et très bosselée, elle est bleue et garde sa couleur tout l'été.

**FLEUR**

En forme de clochette, elle pousse sur une tige florale de 91,4 cm (36 po), elle est blanche,
éclôt en juillet et réapparaît en septembre.

**COMMENTAIRES**

Hybride de H. 'Chartreuse Wedge' et de H. nigrescens X H. 'Blue Vision', ce hosta bleu à croissance moyenne tolère très bien le soleil du matin et le soleil de fin de journée. Grâce à ses
feuilles épaisses, il résiste aux limaces.

# *H.* 'Undulata Albomarginata'

Enregistré par l'American Hosta Society en 1987
Classification : III-4B

**PLANT**

102 cm (40 po) de diamètre • 43,2 cm (17 po) de hauteur
En forme de dôme

**FEUILLE**

19,1 cm (7 ½ po) de longueur • 12,1 cm (4 ¾ po) de largeur
Très élancée et ondulée, elle est verte et sa marge est blanche.

**FLEUR**

En forme d'entonnoir, elle pousse sur une tige florale de 91,4 cm (36 po), elle est de couleur lavande pâle et s'épanouit de la mi-juillet à la mi-août. C'est un hosta florifère.

**COMMENTAIRES**

Ce hosta a été l'un des plus populaires dans les jardins. On le trouve normalement planté en massif. Il croît rapidement, mais les limaces l'adorent. Il aime les sols riches et bien irrigués.

## *H.* 'Undulata Erromena'

Enregistré par l'American Hosta Society en 1987
Classification : III-1

**PLANT**

81,3 cm (32 po) de diamètre • 61 cm (24 po) de hauteur
En forme de dôme dense

**FEUILLE**

20,3 cm (8 po) de longueur • 12,7 cm (5 po) de largeur
Oblongue, ondulée, elle est plutôt luisante. Elle est verte et sa large marge est vert foncé.

**FLEUR**

En forme d'entonnoir, elle pousse sur une tige florale de 91,4 cm (36 po), elle est de couleur lavande pâle et éclôt de la mi-juillet à la mi-août. Cette plante est florifère.

**COMMENTAIRES**

Normalement planté en massif, ce hosta est l'un des plus utilisés dans les jardins. Il a une croissance rapide et aime les sols riches et bien irrigués. On le plante aussi dans les endroits où l'on veut arrêter l'érosion. Il préfère les terrains ombragés.

289

Pages 290-291 : Denyse G. de Pierrefonds a planté des hostas de dimensions et de couleurs variées.

## H. 'Undulata mediovariegata'

Enregistré par l'American Hosta Society en 1987
Classification : IV-6A.

**PLANT**

81,3 cm (32 po) de diamètre • 30,5 cm (12 po) de hauteur
De forme érigée

**FEUILLE**

15,2 cm (6 po) de longueur • 6,4 cm (2 ½ po) de largeur
Élancée et ondulée, elle est blanche et sa large marge est vert foncé.

**FLEUR**

En forme d'entonnoir, elle pousse sur une tige florale de 91,4 cm (36 po), elle est de couleur
lavande pâle et s'ouvre de la mi-juillet à la mi-août. Ce hosta est florifère.

**COMMENTAIRES**

L'un des plus utilisés au jardin, il est fréquemment planté en massif et aime les sols riches et
bien irrigués. Il a une croissance rapide, mais les limaces l'adorent. Il existe une autre forme
de ce hosta, un peu plus trapue et plus grosse, H. 'Undulata Univittata', qui est également
employé en aménagement.

# *H.* 'Undulata Univittata'

Enregistré par l'American Hosta Society en 1987
Classification : III-6A.

**PLANT**

114,3 cm (45 po) de diamètre • 45,7 cm (18 po) de hauteur
De forme érigée

**FEUILLE**

17,8 cm (7 po) de longueur • 10,8 cm (4 $\frac{1}{4}$ po) de largeur
Élancée et ondulée, elle est blanche et sa large marge est vert foncé.

**FLEUR**

En forme d'entonnoir, elle pousse sur une tige florale de 91,4 cm (36 po), elle est de couleur
lavande pâle et éclôt de la mi-juillet à la mi-août. C'est un hosta florifère.

**COMMENTAIRES**

Ce hosta, l'un des plus utilisés au jardin avec les autres 'Undulata', est généralement planté
en massif. Il a une croissance rapide, mais les limaces l'adorent. Il aime les sols riches et bien
irrigués. Il est un peu plus trapu et plus gros que les autres 'Undulata'.

293

# *H.* 'Vanilla Cream'

Enregistré par Paul Aden, à New York, en 1986
Classification : IV-3

**PLANT**

66 cm (26 po) de diamètre • 27,9 cm (11 po) de hauteur
En forme de dôme aplati

**FEUILLE**

14 cm (5 ½ po) de longueur • 11,4 cm (4 ½ po) de largeur
Ronde, presque en forme de cœur, elle est épaisse, rugueuse et ondulée et son rebord est tourné vers le sol. Sa couleur est assez exceptionnelle : au début de la saison, elle est vert très pâle, puis devient chartreuse puis dorée pour finalement passer au crème.

**FLEUR**

En forme d'entonnoir, elle pousse sur une tige florale de 40,6 cm (16 po), elle est de couleur lavande pâle et s'épanouit de la mi-juillet à la mi-août.

**COMMENTAIRES**

Hybride de *H.* 'Little Aurora', ce hosta de croissance moyenne résiste aux limaces et il est lutescent, c'est-à-dire qu'il est vert lorsqu'il sort de terre et passe au jaune très pâle à la fin de la saison. Ce hosta aime un terrain ensoleillé où il sera à son plus beau. Il illuminera de ses couleurs une plate-bande à l'ombre. C'est un excellent choix planté en bordure ou en couvre-sol.

## *H. ventricosa*

Espèce introduite par William Thomas Stearn en 1931, et reconnue par l'American Hosta Society en 1993
Classification : III-1

**PLANT**

127 cm (50 po) de diamètre • 63,5 cm (25 po) de hauteur
En forme de dôme compact

**FEUILLE**

24,1 cm (9 ½ po) de longueur • 19,7 cm (7 ¾ po) de largeur
Très épaisse, en forme de cœur très allongé, elle est luisante, très nervurée et légèrement ondulée. Elle est d'un vert épinard très velouté.

**FLEUR**

En forme de clochette, elle pousse sur une tige florale de 81,3 cm (32 po), elle est pourpre violet et éclôt à la fin de juillet et au début d'août. C'est un hosta florifère.

**COMMENTAIRES**

Cette espèce fut l'une des premières à atteindre l'Amérique dans les années 1800. Ce plant préfère l'ombre complète et produit énormément de semences. Il est comestible, on l'utilise en salade, ses jeunes pousses goûtent le céleri épicé.

## *H. venusta*

Espèce introduite par Fumio Maekawa en 1935 et reconnue par l'American Hosta Society en 1993

Classification : V-1

### PLANT

76,2 cm (30 po) de diamètre • 17,8 cm (7 po) de hauteur
En forme de dôme compact

### FEUILLE

3,8 cm (1 ½ po) de longueur • 12,7 cm (5 po) de largeur
En forme de cœur, plutôt allongée, elle est légèrement ondulée et très luisante. Elle est vert moyen.

### FLEUR

En forme d'entonnoir, elle se dresse sur une tige florale de 30,5 cm (12 po), elle est de couleur lavande et s'ouvre à la fin de juillet.

### COMMENTAIRES

Cette espèce, la plus petite de son groupe, pousse dans un terrain très sombre et très sec, ce qui en fait une plante de sous-bois ou aimant les endroits rocailleux et secs. Ce hosta se reproduit rapidement par rhizome.

# H. 'Whirlwind'

Enregistré par John Kulpa, au Michigan, en 1989
Classification : IV-8

**PLANT**

30,5 cm (12 po) de diamètre • 12,7 cm (5 po) de hauteur
En forme de dôme érigé

**FEUILLE**

20,3 cm (8 po) de longueur • 16,5 cm (6 ½ po) de largeur
Ovale, plutôt élancée et pointue, elle est légèrement ondulée. Son centre est blanc crème et sa marge est d'un vert très foncé. Les couleurs varient selon la lumière, la température et l'âge du plant.

**FLEUR**

En forme de trompette, elle pousse sur une tige florale de 76,2 cm (30 po), elle est de couleur lavande et éclôt de la mi-juillet à la mi-août.

**COMMENTAIRES**

Mutation de H. 'Fortunei Hyacinthina', ce hosta croît rapidement. Plus il sera à l'ombre plus le centre de la feuille sera foncé. En revanche, il tolère le soleil du matin. Son évolution est captivante : au printemps, ses feuilles sont tordues, épaisses et jaunâtres et leurs marges sont alors vert foncé et leurs veines proéminentes. Puis la mi-saison venue, ses feuilles virent au vert. Et le processus se répète à la saison suivante. Ce hosta sera sûrement un des plus populaires. J'ai déjà pu voir un plant mesurant 114 cm (45 po) de diamètre chez l'horticulteur Van Wade.

## H. 'White Christmas'

Introduit par Krossa/Palmer/Ruh en 1999
Classification : III-6A

### PLANT

50,8 cm (20 po) de diamètre • 30,5 cm (12 po) de hauteur
En forme de dôme dense

### FEUILLE

20,3 cm (8 po) de longueur • 11,4 cm (4 ½ po) de largeur
En forme de cœur, très élancée, elle est tordue et légèrement ondulée dans sa marge. Elle est blanche avec une fine bordure verte, mais devient verte au cours de la saison. Elle est viridescente.

### FLEUR

En forme d'entonnoir, elle pousse sur une tige florale de 63,5 cm (25 po), elle est de couleur lavande pâle et s'épanouit au début de juillet.

### COMMENTAIRES

Dérivé de H. 'Undulata', ce hosta à croissance moyenne tolère la lumière, mais n'aime pas le soleil. Il importe de le planter dans un terrain qui répond à ses besoins. Trop de soleil brûlera ses feuilles. C'est également le hosta qui a le plus de blanc ; vu de loin, il semble entièrement blanc. Il doit donc obtenir beaucoup de lumière pour conserver son énergie. On dit qu'il peut atteindre jusqu'à 88,9 cm (35 po) de diamètre.

## H. 'White Wall Tire'

Enregistré par Tony Avent, en Caroline du Nord, en 1995
Classification: III-7

**PLANT**

112 cm (44 po) de diamètre • 40,6 cm (16 po) de hauteur
En forme de dôme assez dense

**FEUILLE**

27,9 cm (11 po) de longueur • 12,7 cm (5 po) de largeur
Ovale, très allongée et légèrement ondulée, ses veines sont proéminentes. Elle est blanche lorsqu'elle émerge du sol au printemps. Plus la saison avance, plus elle tourne au verdâtre pour devenir presque entièrement verte. (viridescente).

**FLEUR**

De forme tubulaire, elle pousse sur une tige florale de 102 cm (40 po), elle est de couleur lavande, presque blanche, et s'épanouit de la mi-juillet à la mi-août.

**COMMENTAIRES**

Ce hosta à croissance moyenne tolère le soleil. Ce qui est frappant c'est qu'il change de couleur tout au long de la saison. Toutefois le côté blanc de ses pousses printanières tourne vite au vert. Planté plus à l'ombre il sort de terre presque vert.

Très tôt au printemps, les feuilles sont toutes blanches lorsqu'elles sortent de terre...
pour devenir blanches et vertes en saison.

## *H.* 'Wide Brim'

Introduit par Paul Aden, à New York, en 1979
Classification : III-5B

**PLANT**

76,2 cm (30 po) de diamètre • 50,8 cm (20 po) de hauteur
En forme de dôme dense

**FEUILLE**

20,3 cm (8 po) de longueur • 15,2 cm (6 po) de largeur
En forme de cœur assez élargi, elle est légèrement ondulée, plutôt épaisse et rugueuse. Son centre est bleu vert et sa large marge irrégulière est crème pour devenir jaune or en cours de saison.

**FLEUR**

En forme de clochette, elle pousse sur une tige florale de 61 cm (24 po), elle est de couleur lavande pâle et éclôt en août. Elle est odorante.

**COMMENTAIRES**

Ce hosta est un croisement entre *H.* 'Bold One' et *H.* 'Bold Ribbons'. C'est un excellent culti-var pour la culture en contenant. Sa fleur odorante ainsi que ses feuilles peuvent servir dans les arrangements floraux et comme fleurs coupées. On dit qu'il peut mesurer jusqu'à 114 cm (45 po) de diamètre.

## *H.* 'Wolverine'

Introduit par J. Wilkins, au Michigan, en 1995
Classification : II-5B

**PLANT**

96,5 cm (38 po) de diamètre • 38,1 cm (15 po) de hauteur
En forme de dôme dense érigé

**FEUILLE**

17,8 cm (7 po) de longueur • 7,6 cm (3 po) de largeur
De forme ovale, très élancée et légèrement ondulée dans sa marge, elle est luisante et assez épaisse. Elle est bleu vert et sa marge passe du jaune doré au crème lorsqu'elle prend du soleil.

**FLEUR**

De forme tubulaire, elle pousse sur une tige florale de 50,8 cm (20 po), elle est de couleur lavande pâle et s'ouvre en août.

**COMMENTAIRES**

De croissance rapide, ce hosta offre une bonne résistance aux limaces.

# *H.* 'Zounds'

Enregistré par Paul Aden, à New York, en 1978
Classification : II-3

**PLANT**

102 cm (40 po) de diamètre • 76,2 cm (30 po) de hauteur
En forme de dôme assez dense

**FEUILLE**

25,4 cm (10 po) de longueur • 20,3 cm (8 po) de largeur
Lorsque le plant est jeune, elle est ovale, très allongée, prenant la forme d'un cœur à maturité. Elle prend aussi la forme d'une soucoupe assez épaisse et bosselée et elle est luisante. Elle est chartreuse doré métallique et gardera sa couleur toute la saison.

**FLEUR**

En forme d'entonnoir, elle pousse sur une tige florale de 76,2 cm (30 po), elle est de couleur lavande, presque blanche, et s'ouvre de la mi-juillet à la mi-août.

**COMMENTAIRES**

Hybride de *H.* 'Gold Waffles' et de *H.* 'Golden Prayers', ce hosta qui résiste aux limaces devra profiter de beaucoup d'ensoleillement pour bien performer. Il prendra un peu de temps à s'établir, mais dès qu'il atteindra sa maturité, il sera spectaculaire et illuminera une plate-bande plus à l'ombre. Il fait un joli contraste à côté de hostas bleus. On a pu observer un spécimen mesurant plus de 127 cm (50 po) de diamètre.

302

(Page suivante) Plusieurs hostas s'épanouissent très bien dans les endroits ensoleillés.

# COMMENT UTILISER
# LES HOSTAS

5

## AU JARDIN

À présent que nous connaissons une grande variété de hostas, essayons d'explorer leurs diverses utilisations. Naturellement elles sont multiples, je pourrais écrire un livre entier sur les aménagements et sur leurs plantes compagnes.

Je me contenterai de commenter quelques aménagements que j'ai pu voir au cours de mes visites dans les jardins d'ici et d'ailleurs.

1. Des annuelles colorées comme les coléus font ressortir le feuillage des hostas comme l'a fait un jardinier à Saint-Hugues. (M.P.)

2. Il est fréquent de se servir d'un gros hosta pour habiller le bas d'une fenêtre comme le montre une photo d'un aménagement à Pierrefonds. (C.C.)

3. De beaux hostas matures sont toujours agréables à voir lorsque les visiteurs arrivent dans cette maison du Minnesota.

4. Rien de plus agréable qu'un hosta pour accueillir les visiteurs à côté de la porte d'entrée de cette résidence à Tracy. (N.D.)

1. Il est toujours agréable de voir une plate-bande de hostas devant une propriété. Les propriétaires de cette maison à Saint-Ferdinand l'ont très bien compris. (S.M.)

2. Les hostas se cultivent aussi en pots. C'est une façon d'agrémenter l'entrée d'une propriété comme l'ont fait des résidants de Saint-Jacques. (P.D.)

3. Devant l'allée principale de cette propriété de Sutton, on a placé plusieurs hostas et quelques graminées.

4. En face de cette propriété de Knowlton, on a placé des hostas dans cette talle de bouleaux.

5. Même dans un jardin étroit il est très agréable de voir des hostas à feuillages variés, comme on a très bien réussi à le faire à Sherbrooke. (M.R.)

6. Ce gros hosta placé au cœur d'une plate-bande devant la maison donne beaucoup d'ampleur à cette propriété d'Arthabaska.

1. Plusieurs hostas dont un immense H. 'Sagae' habillent très bien le côté de ce garage photographié au Minnesota.

2 Devant cette propriété de Tracy, on a très bien camouflé une partie de la fondation de la maison avec de la vigne et un gros hosta. (J-L.L.)

3. À Saint-Jacques, on a su créer une intimité sur une gloriette en utilisant le *H.* 'Hyacinthina'. (M.B.)

4. Plusieurs jardiniers affectionnent les hostas pour entourer une sculpture ou un gros arbre comme on l'a si bien fait à l'île Bizard. (M.M.)

5. Dans ce jardin de Saint-Esprit, on a isolé un hosta près du bassin. (C.M.)

6. Les propriétaires de cette résidence de Pierrefonds ont utilisé un *H.* 'Frances Williams' pour créer un point d'intérêt autour de leur bassin d'eau. (C.P.)

7. Dans un jardin à Piedmont, plusieurs hostas entourent la fontaine. (P.É.C.)

5

6

7

1. Une charmante solution pour protéger de la poussière une piscine de l'île Bizard. (M.M.)

2. Afin de camoufler une partie des parois massives d'une piscine hors terre à Pierrefonds, on a utilisé plusieurs hostas. (D.B.)

3. Quelle bonne idée a eu ce jardinier de Saint-Jacques en plantant un gros hosta près d'une pergola !

4. À Notre-Dame-du-Lac, on a placé un magnifique hosta à l'entrée d'un coin lecture, tapissé d'une plante couvre-sol.

5. Afin de donner plus d'intimité à ce coin lecture, un jardinier de Saint-Jacques y a placé côte à côte deux magnifiques hostas, *H.* 'Frances Williams' et *H.* 'Sum and Substance'. (L.P.)

6. Le *H. sieboldiana* 'Elegans' aura toujours un bel effet dans ce jardin de Granby. (P.M.)

7. Les hostas regroupés sont une grande réussite. Comme dans ce jardin de Beaconsfield où on a regroupé trois *H.* 'Sum and Substance'. (M-J.V.)

8. Le *H.* 'Blue Angel' règne en maître dans cette plate-bande de hostas à Saint-Augustin-de-Desmaures. (G.L.)

9. Les azalées sont d'excellentes plantes compagnes pour les hostas, comme on peut le voir dans ce jardin de Sainte-Adèle (R.A.).

1. Plusieurs hostas tolèrent très bien le soleil. On peut voir dans cet aménagement de Saint-Ferdinand (S.M.), des *H.* 'Gold Standard' en plein soleil. Les feuilles ne sont pas brûlées mais sont un peu plus pâles que celles d'autres plants.

2. Derrière ce banc croît un *H.* 'Krossa Regal'. Ces propriétaires de Pierrefonds verront que ce hosta deviendra très gros dans peu de temps. Il faut toujours tenir compte des dimensions que le spécimen aura à maturité lorsqu'on plante un hosta.

3. Les hostas servent de refuge à Capucine, une chatte choyée de Sainte-Adèle.

4. L'ajuga et l'alchémille agrémentent cette plate-bande de Saint-Lazare. (C.N.)

5. Les ligulaires apprécient la compagnie des hostas dans cet aménagement à Arthabaska.

6. Les astilbes sont d'excellents compagnons aux hostas dans cette plate-bande à Deschambault. (S.H.)

7. Dans cette plate-bande de Saint-Lazare, on a planté de l'ajuga au pied de ce hosta. (C.N.)

1. Cette belle plante est un *H.* 'Blue Angel'.

2. Un gros hosta comme le *H.* 'Sum and Substance' sera toujours le point de mire du jardin.

3. Dans ce jardin japonais de Repentigny, *H. sieboldiana* 'Elegans' a fière allure.

4. *Rodgersia tabularis* ajoute une note orientale à ce jardin d'ombre à Abercorn.

5. Ici à Sherbrooke, c'est tout un assortiment de hostas que l'on a placé sur cette terrasse. (M.R.)

6. Les hostas ont commencé à s'implanter sur ce rocher de Wentworth. (M.R.)

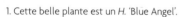

**5**

**6**

1. Dans mon jardin, j'ai planté un *H.* 'Thumbellina' dans cette pièce ornementale.

2. À Saint-Ferdinand, une vieille meule de béton sert à camoufler la base de ce hosta. (S.M.)

3. Les pots remplis de hostas enjolivent ce balcon à Ottawa. (D.B.)

4. Un hosta est toujours agréable à voir près d'un pont.

4

Vous pouvez également réaliser des plates-bandes composées uniquement de hostas. Un mélange harmonieux de couleurs de feuillages conférera à votre jardin un attrait irrésistible.

1. Voici un bel exemple d'un mariage de coloris réussi dans cet aménagement d'ombre de Sherbrooke. (M.R.)

2. Un autre bel exemple d'aménagement à l'ombre à Sherbrooke, composé uniquement de hostas.

3. Pour bien dissimuler la cascade et le bassin de rétention, on a planté de magnifiques spécimens de hostas : *H.* 'Sum and Substance', *H.* 'Krossa Regal' et *H.* 'Big Daddy'. (R.M.)

4. Je n'ai pu résister à ce clown qui se berce entre deux beaux hostas matures à Sainte-Rosalie. (M.C.).

5. Une superbe plate-bande composée de *H.* 'Lakeside Black Satin', *H.* 'Christmas Tree', *H.* 'Lemon Lime' et *H.* 'Wide Brim'.

6. Une autre belle plate-bande de hostas : *H.* 'Halcyon', *H.* 'Valerie's Vanity', *H.* 'Carolina Blue', *H.* 'Glory' et *H.* 'Brenda's Beauty'.

# LES HOSTAS
# LES PLUS POPULAIRES

6

# LES CONCOURS DE POPULARITÉ

Comme je l'ai mentionné, au début des années 1950, il y avait très peu de hostas différents. C'est la raison pour laquelle on retrouve sur la liste les fameux 'Undulata', qui servaient à entourer les arbres, à encercler une sculpture ou encore à démarquer les allées de garage ou de résidences.

Cependant, dès l'arrivée de 'Frances Williams', un hosta très différent des autres, les jardiniers l'ont placé en tête de liste. Même s'il n'est plus nouveau aujourd'hui et que plusieurs hostas lui ressemblent, il reste dans le cœur des amateurs.

La venue sur le marché du *H.* 'Sum and Substance' a par la suite révolutionné les demandes. Un des premiers hostas à devenir très gros, a à son tour gagné en popularité. Il devance même, selon moi, 'Frances Williams' dans cette liste des hostas les plus populaires de tous les temps.

Les amateurs sont toujours fascinés par un beau jardin rempli de hostas.

Pour ce qui est de 'Beatrice', il a pratiquement disparu des tablettes des pépinières et des centres de jardinage. Il fut très populaire au début, mais les nouveaux hostas ont vite fait disparaître ce dernier.

Voici cette liste des hostas les plus populaires :

1. 'Frances Williams'
2. 'Sum and Substance'
3. 'Beatrice'
4. 'Great Expectations'
5. 'Gold Standard'
6. 'August Moon'
7. 'Golden Tiara'
8. 'Halcyon'
9. 'Undulata Mediovariegata' et 'Undulata Albomarginata'
10. 'Patriot'

1. *H.* 'Frances Williams' demeure le hosta le plus vendu de tous les temps...
2. ... suivi de près par *H.* 'Sum and Substance'.
3. *H.* 'Great Expectations'

325

L'American Hosta Society fait chaque année un sondage pour connaître les hostas les plus populaires auprès de ses membres. On remarquera que 'Sum and Substance' est toujours en tête depuis qu'il est arrivé sur le marché. La découverte de 'Patriot' et de plusieurs de ses dérivés a également changé l'ordre de préférence des amateurs de cette magnifique plante à feuillage.

Les gros hostas semblent toujours avoir la faveur dans nos plates-bandes de hostas. Que l'on retrouve, 'Sum and Substance', 'Sagae', 'Great Expectations', *montana* 'Aureomarginata', 'Krossa Regal' et 'Blue Angel' dans cette liste de popularité le démontre très bien.

1. *H.* 'Sum and Substance' est encore aujourd'hui le plus populaire de tous...
2. ... tandis que *H.* 'Patriot' est celui qui est le plus populaire parmi les panachés.
3. *H.* 'Sagae'

4. *H.* 'Blue Angel'
5. *H.* 'Krossa Regal'
6. *H. montana* 'Aureamarginata'

Parmi les très petits hostas, c'est 'Pandora's Box' qui entre le plus dans nos plates-bandes. Les hostas miniatures devraient connaître plus de succès dans les années qui viennent.

Voici les réponses au sondage qui a été réalisé en 2001 auprès de tous les membres de l'American Hosta Society :

1. 'Sum and Substance'
2. 'Sagae'
3. 'Great Expectations'
4. 'June'
5. 'Paul's Glory'
6. 'Guacamole'
7. 'Patriot'
8. *montana* 'Aureomar- ginata'

9. 'Gold Standard'
10. 'Regal Splendor'
11. 'Frances Williams'
12. 'Blue Angel'
13. 'Krossa Regal'
14. 'Fragrant Bouquet'
15. 'Whirlwind'
16. 'Love Pat'
17. 'Halcyon'

18. 'Sun Power'
19. 'Inniswood'
20. 'Striptease'
21. 'On Stage'
22. 'Spilt Milk'
23. 'Fire and Ice'
24. 'Pandora's Box'
25. *sieboldiana* 'Elegans'

1. *H.* 'June'
2. *H.* 'Paul's Glory'
3. *H.* 'Gold Standard'

Fait à remarquer, les hostas miniatures commencent à apparaître sur la liste des hostas les plus populaires. Nous retrouvons *H.* 'Pandora's Box' en 24$^e$ position et un peu plus bas dans la liste (non reproduite ici) nous retrouvons *H.* 'Tattoo' en 31$^e$ place, *H.* 'Golden Tiara' en 33$^e$ position, *H.* 'Little Sunspot' (43$^e$), 'Kabitan' (55$^e$), et 'Baby Bunting' en 71$^e$ position. Comme on peut le voir, les hostas moyens et gros demeurent en bonne position dans le choix des collectionneurs de hostas.

De son côté, l'American Hosta Growers Association sélectionne annuelle-ment le « hosta de l'année ». Pour être éligible, un cultivar doit être en vente dans tous les États américains à un prix très abordable (14 $ US). Il est donc possible qu'un hosta qui est sur le marché depuis plusieurs années ne se soit pas qualifié. C'est d'ailleurs ce qui s'est produit avec 'Regal Splendor' en 2003. C'est encore plus évident avec le choix en 2004 alors que 'Sum and Substance' vient de recevoir ce titre.

Voici la sélection des dernières années :

1996 – 'So Sweet'

1997 – 'Patriot'

1998 – 'Fragrant Bouquet'

1999 – 'Paul's Glory'

2000 – 'Sagae'

2001 – 'June'

2002 – 'Guacamole'

2003 – 'Regal Splendor'

2004 – 'Sum and Substance'

4. *H. sieboldiana* 'Elegans'

5. *H.* 'Halcyon'

1. *H.* 'Gold Standard'
2. *H.* 'August Moon'
3. *H.* 'Golden Tiara'

4. Sont *ex aequo* H. 'Undulata Mediovariegata' ...
5. ... et H. 'Undulata Albomarginata'
6. Et en 10ᵉ position, H. 'Patriot'.

1. *H.* 'Love Pat'
2. *H.* 'Frances Williams'
3. *H.* 'Regal Splendor'

4. 2001 – *H.* 'June'

5. 2003 – *H.* 'Regal Splendor'

6. 1997 – *H.* 'Patriot'

7. 2000 – *H.* 'Sagae'

# CARNET D'ADRESSES

## Les organismes de regroupement

Il existe des organisations regroupant les amateurs de plantes, plus spécialement de hostas.

Si vous désirez connaître une société québécoise près de chez vous, vous pouvez consulter :

La Fédération des sociétés d'horticulture
et d'écologie du Québec (FSHEQ)
4545, avenue Pierre-De-Coubertin
C.P. 1000, succursale M
Montréal (Québec)
H1V 3R2
Tél. : (514) 252-3010
Courriel : fsheq@fsheq.com
Site Internet : http://www.fsheq.com/

Certains organismes sont spécialisés et ne s'occupent que d'une espèce. Toutes leurs activités se concentrent sur la plante en question et sur ses plantes compagnes. Ces sociétés vous fourniront toutes les informations sur la culture, l'échange et les visites des jardins de démonstration, tant publics que privés.

Au Québec la Société Québécoise des Hostas et des Hémérocalles compte plusieurs centaines de membres. Elle est la seule qui publie et qui organise ses activités en français et en anglais.

À Rideau Hall, les jardins privés regorgent de variétés
de hostas.

Ma conjointe aime
également les hostas.

Voici ses coordonnées :

SOCIÉTÉ QUÉBÉCOISE DES HOSTAS
ET DES HÉMÉROCALLES (SQHH)
4101, rue Sherbrooke Est
Montréal (Québec)
H1X 2B2
Tél. : (514) 685-4009
Courriel : bomil@ca.inter.net
Site Internet : http://hostaquebec.com/

La SQHH est membre de l'American Hosta Society, une organisation qui regroupe des amateurs de hostas, non seulement des États-Unis mais de partout dans le monde. Elle est la seule à tenir le registre des enregistrements des hostas. Cette organisation publie plusieurs documents sur les hostas. Voici ses coordonnées :

AMERICAN HOSTA SOCIETY (AHS)
C/o Lu Treadway
Membership Secretary
2489 Jack's View Ct.
Snellville, GA 30078-4178 (USA)
Courriel : Hostanut@BellSouth.net
Site Internet : http://www.hosta.org

Les producteurs de hostas américains se sont regroupés au sein de l'association suivante :

1. Les feuilles considérées comme les plus parfaites et les plus remarquables sont primées.

2. Les feuilles présentées doivent être parfaites... ou s'approcher de la perfection.

3 Un participant prépare sa feuille pour l'exposition.

THE AMERICAN HOSTA GROWERS ASSOCIATION
c/o Bob Solberg,
Executive Secretary AHGA
P.O. Box 16306
Chapel Hill, NC 27516
Phone: 919-309-0649
Courriel: greenhill@mindspring.com
Site Internet: http://www.hostagrowers.org/

## Le concours de feuilles de hostas

Les sociétés de hostas organisent souvent des concours de feuilles de hostas. Les amateurs apportent différentes feuilles de hostas, qui sont alors soigneusement préparées pour être montrées au public.

Ces feuilles sont présentées selon différentes classes, comme je l'ai déjà mentionné. Évidemment certaines conditions s'appliquent pour donner le meilleur spectacle possible. On utilise des contenants semblables ainsi que des identifications similaires.

Pour plusieurs, cet événement est devenu une véritable compétition. Une telle exposition devient une excellente façon de connaître les différents cultivars de hostas et d'admirer le résultat du travail des hybrideurs.

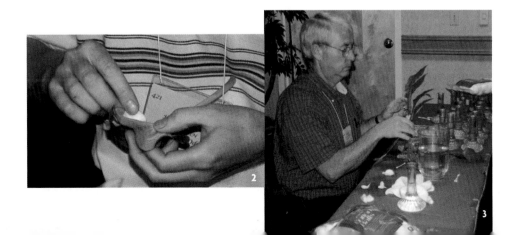

Au Jardin botanique de Montréal, le sous-bois regroupe plus de 350 cultivars différents.

## Les jardins de hostas

Il existe au Québec quelques jardins publics où on peut voir plusieurs variétés de hostas.

*Le Jardin botanique de Montréal*

Dans ce magnifique jardin de sous-bois créé par l'horticulteur Michel André Otis, actuellement sous la responsabilité de l'horticulteur Richard Dionne, on peut voir plus de 350 hostas différents admirablement présentés parmi des centaines de plantes compagnes. On retrouve également des cultivars plus récents aux jardins des nouveautés, toujours au Jardin botanique de Montréal.

*Les Jardins Joly-de-Lotbinière* (www.domainejoly.com) et *Jardin de Métis* (www.jardinsmetis.com) présentent également de magnifiques sous-bois comptant des centaines de hostas différents.

*Les Jardins Osiris* (http://iquebec.ifrance.com/JardinOsiris/), à Saint-Thomas de Joliette, ont aménagé il y a quelques années un superbe jardin de démonstration. On peut y observer des quantités de hostas très bien présentés, parmi lesquels on peut voir des hybrides de hostas réalisés par leurs propriétaires.

*La Pépinière l'Avenir* à L'Avenir a créé en 2002 un magnifique jardin comptant plusieurs hostas. (production@pepinierelavenir.com)

*Les Jardins Iris & Plus* (http://www.irisplus.com/), à Cowansville, ont également un magnifique jardin que l'on peut visiter. Ces agencements de hostas composés avec toutes sortes de plantes compagnes vous donneront de bonnes idées pour embellir vos propres aménagements.

Dans la région de Trois-Rivières, à Sainte-Angèle de Bécancour, plus précisément chez *Les Vivaces de l'Isle* (www.chez.com/vivaces), vous trouverez une belle plantation de hostas dans un jardin ouvert au public. Les hostas y sont plus âgés, mais les spécimens sont matures. Juste un peu plus loin, à près de cinq kilomètres, *Les hémérocalles de l'Isle* (http://hemerocalles-iles.ca/) présentent un beau jardin de démonstration où on peut voir des hostas et des hémérocalles.

Dans le secteur de Portneuf, plus précisément à Notre-Dame-de-Portneuf, *Le Jardin Merlebleu* (http://www.jardinmerlebleu.com) compte plusieurs plates-bandes ornées de magnifiques hostas.

Au Québec, il existe aussi de nombreux jardins publics, cimetières ou parcs dans lesquels on peut voir de beaux et superbes spécimens de hostas.

Lors d'un voyage dans la région d'Ottawa, j'ai eu la chance de visiter les jardins privés de la résidence de Rideau Hall qui comprennent une magnifique collection de hostas.

Dans les jardins de Rideau Hall, on peut admirer une magnifique collection de hostas.

Le *Hosta Garden* du cimetière Beechwood à Ottawa comprend plusieurs hostas de collection.

Et si vous allez à Ottawa, il ne faut pas manquer de visiter le *cimetière Beechwood* où les plates-bandes sont agrémentées de différents hostas. Mais le point d'attraction est le jardin de hostas, situé tout près de l'entrée de la rue Prince of Wale.

Toujours à Ottawa, vous pouvez visiter la *Ferme expérimentale*. Gérée par la Commission de la Capitale Nationale, elle présente plusieurs hostas dans ses jardins ornementaux. Mais si vous allez à l'arboretum, près du deuxième observatoire, vous pourrez contempler un magnifique jardin entretenu par les Amis des hostas et rempli de superbes plantes.

À quelques kilomètres d'Ottawa, rendez-vous à Almonte, où Suzanne Patry vous autorise à visiter son jardin rempli de hostas, situé tout près de sa pépinière.

Il y a bien sûr un grand nombre de jardins privés où croissent de nombreux hostas. Plusieurs propriétaires acceptent les visiteurs. Pour en connaître les coordonnées, communiquez avec la Société Québécoise des Hostas et des Hémérocalles.

Dans l'arboretum à Ottawa, on a planté plusieurs hostas dans le *Hostas Garden*.

## Où vous procurer des hostas?
Vous pouvez acheter des hostas de différentes manières.

Chez votre pépiniériste, vous trouverez une grande variété de hostas.

Plusieurs commerces spécialisés proposent un vaste choix de hostas. Voici quelques adresses de membres affiliés à la SQHH :

*Au Québec :*

CENTRE DU JARDIN DION INC.
121, rue Saint-Charles
Sainte-Thérèse (Québec)
J7E 2A0
(450) 430-7710
Fax : (450) 430-3759
jardin.dion@globale.com

COMPTOIR RICHELIEU INC. (BOTANIX)
355, rue du Collège
Sorel-Tracy (Québec)
J3P 2J5
(450) 742-9444

FERME FLORALE ST-BRUNO INC
2190, boul. Laurier
Saint-Bruno (Québec)
J3V 4P6
(450) 653-6383

JARDIN CLÉROUX & FRÈRES LTÉE (BOTANIX)
13230, boul. Gouin Ouest
Pierrefonds (Québec)
H8Z 1X3
(514) 626-6040
jardincleroux@sympatico.ca

JARDIN DES NUANCES
Saint-Roch (Québec)
(450) 746-9489
jardindesnuances@hotmail.com

JARDINIÈRE DU NORD
1000, chemin Joliette, route 131
Saint-Félix-de-Valois (Québec)
(450) 889-4566
jardinière-du-nord@sympatico.ca

JARDINERIE F. FORTIER
99, Rte 116 est
Princeville (Québec)
G6L 4K6
(819) 364-5009
ffortier@boisfrancs.qc.ca

Jardins Iris & Plus
595, rue Rivière
Cowansville (Québec)
(450) 295-2449
info@irisplus.com

La Maison des Fleurs Vivaces
807, boul. Sauvé
Saint-Eustache (Québec)
1 888 326-7200
corbeil@fleursvivaces.com

Les Fines Vivaces
136, Route du Pont
Saint-Nicolas (Québec)
(418) 831-4617
jberg@globetrotter.net

Les Hémérocalles de L'Isle
10945, boul. Bécancour
Bécancour
G9H 2J8
(819) 222-5120
daniel.harrisson@tr.cgocable.ca

Les Jardins Osiris
818, Monique, C.P. 489
Saint-Thomas (Québec)
J0K 3L0
1 877 759-8621

Les Vivaces de L'Isle
16200, boul. Bécancour (Rte 132)
Sainte-Angèle (Québec)
G9R 2M1
(819) 222-9768
vivaces_de_lisle@lino.com

Pépinière Pauls Inc.
9519, boul. Gouin Ouest
Pierrefonds (Québec)
H8Y 1T7
(514) 684-0297

Pépinière L'Avenir
209, route 143
L'Avenir (Québec)
J0C 1B0
(819) 394-2848
production@pepinierelavenir.com

Pépinière Charlevoix
2375, boul. de Comporte
La Malbaie (Québec)
G5A 3C6
(418) 439-4646
pepchar@charlevoix.net

Pépinière Lambert
623, des Vétérans
Rock Forest (Québec)
J1N 1Z8
(819) 564-7711

PÉPINIÈRE LAPOINTE INC
970, rue Châteaubriant
Mascouche (Québec)
J7K 3N7
(450) 474-1680
pepiniere.lapointe@qc.aira.com

PÉPINIÈRE VILLENEUVE
1001, Presqu'île
L'Assomption (Québec)
J5W 3P4
(450) 589-7158
pepvil@qc.aira.com

GÉRARD TRÉPANIER & FILS INC. (BOTANIX)
435, rue Principale
Sainte-Dorothée, Laval (Québec)
H7X 1C4
(450) 689-7121

SERRES ET PÉPINIÈRES GAGNON INC.
(BOTANIX)
2480, rue King Est
Fleurimont (Québec)
J1G 5H1
(819) 564-0044
Fax : (819) 564-3048

*En Ontario*
BUDD GARDENS LTD.
2832, Innes Road
Gloucester (Ontario)
K1B 4K4
(613) 824-7517
budd@cyberus.ca

WHITEHOUSE PERRENNIALS
594 Rae Road
R.R. 2, Almonte (Ontario)
K0A 1A0
1-877-256-3406
suzanne@whitehouseperennials.com
www.whitehouseperennials.com

Vous pouvez également demander à votre pépiniériste local de vous procurer des hostas. Ou encore, contactez la Société Québécoise des Hostas
et des Hémérocalles.

Ici à Saint-Hugues, un mélange de coloris de feuillages
vient appuyer celui des hostas.

Plusieurs autres points de vente existent où vous pouvez commander des
hostas, par la poste (au moyen de catalogues) ou par Internet. Voici d'autres
adresses :

Horti Boutique
1995, rang Petite-Basse
Saint-Ours (Québec)
J0G 1P0
(450) 785-2353
Site Internet :
www.hortiboutique.ca

Horticlub
2914, boul. Labelle
Laval (Québec)
H7P 5R9
(514) 332-2275
Site Internet :
http://www.horticlub.com

### Aux États-Unis

Plusieurs fournisseurs acceptent les commandes postales. En voici un parmi
tant d'autres :
Wade & Gatton Nurseries
1288, Gatton Rocks Road
Bellville, Ohio 44813-9016
Tél. : (419) 883-3191

Il propose des plants matures qui sont livrés à racines nues. Cependant, assurez-vous d'obtenir un certificat phytosanitaire lorsque vous importez des
plantes au Canada.

En Europe, plus précisément en France, il existe quelques endroits plus spécialisés dans les cultivars de hostas. Il y a entre autres :

LE JARDIN ANGLAIS
Ferrié
82270 MONTALZAT
France
Tél. : + 33 (0)5 63 65 08 05
Fax : + 33 (0)5 63 26 04 50
Courriel : lejardin.anglais@freesbee.fr
Site Internet : www.chez.com/lejardinanglais

PÉPINIÈRE BOTANIQUE
40330 GAUJACQ
France
Tél. : + 33 (0)5 58 89 24 22
Fax : + 33 (0) 5 58 89 06 62
Courriel : pepibotagaujacq@thoby.com
Site Internet : www.thoby.com

LES JARDINS D'EN FACE
La Ville au Monnier
35730 PLEURTUIT
France
Tél. : + 33 (0) 2 99 46 43 31
Fax : + 33 (0) 2 99 46 78 43
Courriel : jef@aspeco.org

# BIBLIOGRAPHIE ET LECTURES SUGGÉRÉES

ADEN, P. *The Hosta Book,* Portland (Oregon), Timber Press Inc, 1988, 133 p.

AHS. *The Hosta Adventure, A Grower's Guide,* American Hosta Society, 2001, 32 p.

BIRD, R. et D. TARRANT. *Hostas and other shade-loving plants,* North Vancouver, Whitecap Books Ltd, 1999, 144 p.

*Garden Judging and Award Guide* (American Hosta Society) incluant la liste révisée par W. George Schmid.

GRENFELL, D. *Hosta : The Flowering Foliage Plant,* Portland (Oregon), Timber Press Inc, 1990.

GRENFELL, D. *The Gardener's Guide to Growing Hostas,* Portland (Oregon), Timber Press Inc, 1996, 160 p.

MIKOLAJSKI, A. *Hostas, The New Plant Library,* New York, Lorenz Books, 1997, 64 p.

*Registration 2001 – The Hosta Journal* Vol. 33 N° R (American Hosta Society).

SCHMID, W. G. *The Genus Hosta,* Portland (Oregon), Timber Press Inc, 1992, 428 p.

*The American Hosta Guide* – The 2002 catalog from Wade & Gatton Nurseries.

*The Genus Hosta – List of Registered Cultivars*, 1st Edition – May 1993 (American Hosta Society).

The *Genus Hosta – List of Registered Cultivars, Supplement I* – January 2000 (American Hosta Society).

ZILIS, M. *The Hosta Handbook,* Rochelle, Illinois, Q & Z Nursery Inc., 2000, 600 p.

Plusieurs articles ont été publiés dans différents magazines dans le monde et sur plusieurs sites Internet.

# INDEX

347

# TABLE DES MATIÈRES

Pour toutes références aux fiches,
voir le Tableau des pictogrammes aux pages 2 et 80.

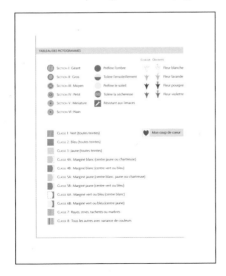